DON BOSCO

Kathrin Sprenger

5 Minuten
Mitmachgeschichten

Zum Malen, Basteln
und noch viel mehr

DON BOSCO

Gerne nehmen wir Ihre Anregungen, Wünsche, Kritik oder Fragen entgegen:
Don Bosco Medien GmbH, Sieboldstraße 11, 81669 München
Servicetelefon: 089 / 48008-341

Bibliografische Information der Deutschen Nationalbibliothek

Die Deutsche Nationalbibliothek verzeichnet diese Publikation in der
Deutschen Nationalbibliografie; detaillierte bibliografische Daten sind
im Internet über http://dnb.d-nb.de abrufbar.

1. Auflage 2012 / ISBN 978-3-7698-1914-4
© 2012 Don Bosco Medien GmbH, München
Umschlag und Illustrationen: Liliane Oser, Atelier über'm Wind, Hamburg
Layout: Reclamebüro, München
Gesamtherstellung: Don Bosco Druck & Design, Ensdorf

Gedruckt auf umweltfreundlichem Papier

Inhalt

Geschichten zum Malen und Ausmalen

Geschichten zur Förderung der Kreativität

Geschichten zum Basteln und mehr

Geschichten zum Malen und Ausmalen

Die Erschaffung der Blumen

Inhalt   Gott findet die Erde öde und bittet die Engel, ihm zu helfen bei der Erschaffung der Blumen.

Requisiten   Papier und Stifte, evtl. Blumen oder Blumenvorlagen

Methode   Die Kinder werden aufgefordert, in der Mitte der Geschichte Blumen zu malen.

„Die Erde ist mir noch zu grau und öde", dachte Gott eines Tages. Er hatte gerade den Himmel und die Erde, die Sonne und den Mond, das Land und das Wasser erschaffen. Damit war er eigentlich zufrieden. Aber es fehlte noch etwas. Wozu gibt es Licht, wenn es keine Farben gibt? „Wir brauchen Blumen!", dachte er und rief alle Engel zu sich.

„Liebe Engel, ich brauche eure Hilfe. Die Erde sieht noch langweilig aus", sagte Gott. „Ich möchte Blumen erschaffen. Bunte Blumen will ich über die ganze Erde verteilen. Die Sonne soll sie anstrahlen und das Wasser soll sie ernähren. Ich

möchte sie in den schönsten Farben und Formen erstrahlen sehen. Die Menschen, die ich in ein paar Tagen erschaffen werde, sollen sich an ihnen erfreuen. Ich gebe euch Malsachen und ihr malt mir bitte die schönsten, verrücktesten und buntesten Blumen, die ihr euch vorstellen könnt."

Die Engel setzten sich auf ihre Wolken und fingen an zu malen. Der eine malte eine Blume, die in der Mitte einen gelben Punkt hatte und darum herum weiße Blätter.

Der andere malte einen braunen Kreis und rundherum gelbe Blätter. Wieder ein anderer Engel malte eine rote Blume und so blieb keine Farbe in Gottes Malkasten unbenutzt.

→ *Die Kinder malen Blumen. Fantasieblumen oder Blumen, die sie kennen.*

Als die Engel ihre Zeichnungen zeigten, war Gott begeistert. „Das habt ihr ja toll gemacht! Ihr seid wahre Engel." Er sah, dass es sehr, sehr viele Zeichnungen gab und so machte er sich sofort an die Arbeit, die Blumen zu erschaffen. Er erschuf die Sonnenblumen und die Gänseblümchen, die Rosen und die Tulpen, die Nelken und die Narzissen, die Stiefmütterchen und den Löwenzahn und viele viele mehr.

Und als Gott den Menschen – also Frau und Mann – erschuf, freuten sie sich tatsächlich über die wunderschönen Blumen. Sie schmückten damit ihr Haus, und die Frau steckte sich eine Blume ins Haar.

Raupe Rosalinde

 Inhalt: Raupe Rosalinde wird fast von einem Vogel gefressen, weil sie grün ist und auf einem rosa Blütenblatt saß. Sie lernt, dass Grün eine Tarnfarbe ist und entpuppt sich als rosa Schmetterling.

 Requisiten: Rosa und verschiedene Grüntöne, drei Blätter pro Kind, evtl. Vorlage zum Ausmalen

 Methode: Die Kinder malen erst eine grüne Raupe auf rosa Untergrund, dann auf grünem Untergrund, sehen den Unterschied. Am Ende malen sie einen rosa Schmetterling auf rosa Untergrund.

Die Raupe Rosalinde war grün. Ungefähr so grün wie Gras, nein, sogar noch grüner als Gras. Sie aß am liebsten Kohl- und Salatblätter. Rosalinde hatte auch eine Lieblingsfarbe. Das war, wie ihr Name schon vermuten lässt – Rosa.

Am liebsten lag sie, wenn sie vollgefuttert war, auf rosa Blütenblättern. Der Apfelbaum hat nämlich wunderschöne rosa Blütenblätter, aber auch die Pfingstrosen waren wunderschön rosa.

An einem freundlichen Sommertag saß Rosalinde wieder auf einem rosa Blütenblatt und sehnte sich danach, auch rosa zu sein. „Ich will nicht grün sein. Rosa steht mir viel besser", sagte sie zu sich selber.

→ *Malt die Raupe auf einem rosa Blütenblatt.*

Ach, wie gerne wäre sie rosa. Sie konnte an nichts anderes mehr denken. In dem Moment sah sie, wie ein Vogel sich auf sie stürzte. Sie konnte gerade noch zum

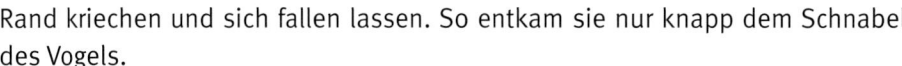

Rand kriechen und sich fallen lassen. So entkam sie nur knapp dem Schnabel des Vogels.

Wie hatte sie sich erschrocken! Schnell kroch sie zu ihren Freunden, die auf dem Salat saßen und verängstigt beobachtet hatten, wie der Vogel auf Rosalinde zu geflogen war.

„Alles in Ordnung?", fragten sie besorgt. Rosalinde nickte. „Wie konnte das nur passieren?", fragte sie.

„Meine liebe Freundin, der Vogel ist weder dumm noch blind. Wenn du so grün, wie du bist, auf dem rosa Blütenblatt sitzt, kann der dich doch aus hundert Metern Entfernung sehen! Bleib lieber hier auf dem Salat oder auf dem Kohlrabiblatt, dann sehen dich die Vögel nicht. Dann ist deine grüne Farbe die beste Tarnung, die es gibt."

→ *Die Kinder malen die Raupe auf einem grünen Blatt. Gemeinsam vergleichen sie das erste und das zweite Bild.*

„Aber Rosa ist meine Lieblingsfarbe!", protestierte Rosalinde. „Grün ist doof." „Ach, Rosalinde, du kannst froh sein, dass du grün bist. So kannst du ungestört auf dem Salatblatt sitzen bleiben und essen, ohne dass dich jemand sieht", sagte eine befreundete Raupe. Als sie Rosalindes enttäuschtes Gesicht sah, fügte sie hinzu: „Keine Angst, eines Tages wirst du nicht mehr grün sein. Vertrau mir."

Rosalinde blieb auf dem Salat und dem Kohlrabi, bis sie sich in ihren Kokon einspinnen durfte, wie alle Raupen es tun. Und nach einiger Zeit kroch sie hinaus, breitete ihre Flügel aus und flog los. Im Teich erkannte sie ihr Spiegelbild und sah erstaunt, dass ihre Schmetterlingsflügel rosa waren! Jetzt konnte sie ohne Angst vor den Vögeln auf die Pfingstrosen fliegen und dort sogar herrlichen Blütennektar schlürfen!

→ *Die Kinder malen einen rosa Schmetterling auf einer rosa Blume.*

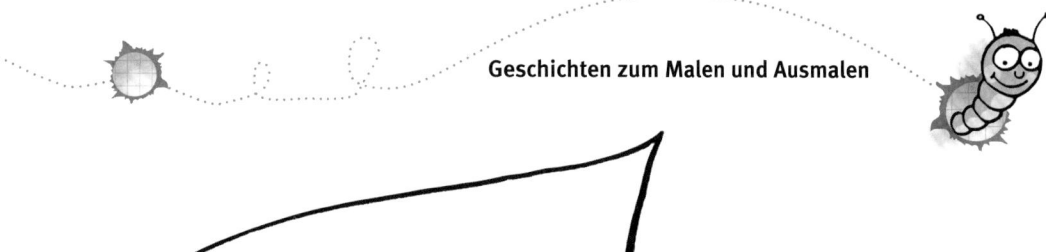

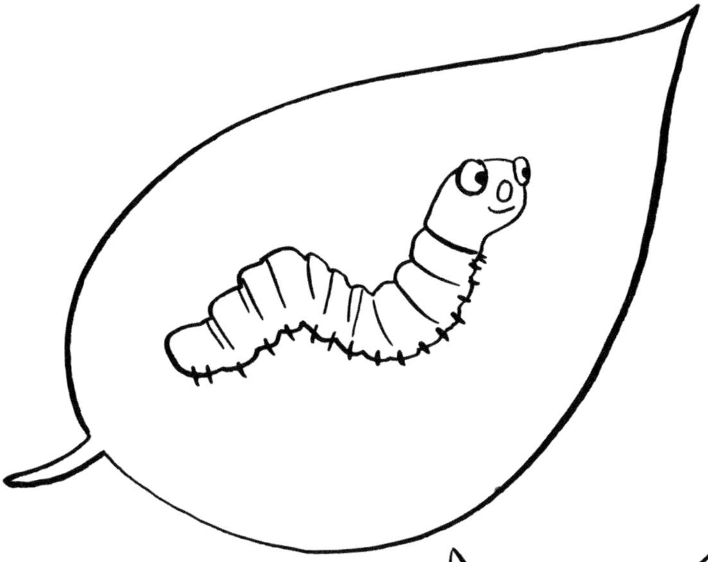

Das Frauentreffen der Enten

 Inhalt: Eine Ente findet es ungerecht, dass die Erpel schöner sind als die Enten(-Weibchen) und organisiert einen Kongress. Sie stellt fest, dass innere Schönheit wichtiger ist als äußere Schönheit.

 Requisiten: Entenvorlage und (Bunt-)Stifte oder Wachsmalkreiden zum Ausmalen. Eventuell Fotos oder Abbildungen von Enten.

 Methode: In der Mitte wird die Geschichte unterbrochen, damit die Kinder die Enten bunt anmalen.

Erika Stock schaute sich im Ententeich um. Die Entenmänner mit ihren grünschillernden Köpfen schwammen stolz neben ihren grau-braunen Weibchen. „Oh, das ist so gemein. Warum haben die Erpel solche schönen Farben und warum sind wir Frauen so langweilig grau und braun?", dachte Erika, und sie beschloss etwas zu unternehmen. Sie lud alle Entenweibchen zu einem Kongress ein. Die Enten fühlten sich geehrt, dass sie eingeladen wurden, aber sie wussten nicht, was ein Kongress sein sollte. Dennoch, neugierig, wie sie waren, gingen sie alle hin zu diesem Kongress.

„Meine lieben Entendamen, willkommen zum ersten Enten-Kongress auf diesem Ententeich", eröffnete Erika das Treffen. „Wir sind hier zusammengekommen, weil wir uns ungerecht behandelt fühlen und uns dagegen wehren wollen. Wir Frauen haben die gleichen Rechte wie die Männer!" Das hörte sich gut an, fanden die Enten und quakten zustimmend. „Schaut euch um! Wie sehen wir aus?" „Wie Enten halt so aussehen, brauner Schnabel, braune Federn, braune Flügel,

braunes Schwänzchen und orangene Beinchen", sagte eine. „Genau! Und wie sehen eure Männer aus?", fragte Erika weiter.

„Naja, wie Erpel halt so aussehen: gelber Schnabel, grün-blau schillernder Kopf, darunter ein weißer Ring, eine braune Brust … ja, jetzt verstehe ich, was du meinst!", sagte wieder eine Ente. „Die Männer sind viel bunter und schöner als wir! Das ist ungerecht!" Wildes Geschnatter folgte.

„Meine lieben Freundinnen!" Erika übernahm wieder das Wort. „Genauso ist es. Ich meine, wir haben die gleichen Rechte wie die Männer und haben ein Recht auf Schönheit. Wir werden gleich immer zu zweit einander anmalen und so ein neues Aussehen für uns wählen, das uns gefällt. Dann sind wir genauso schön wie die Männer!"

Die Enten malten einander unter wildem Geschnatter an. „Ich will einen rosa Kopf", sagte die eine. „Einen grünen Schnabel und blaue Federn für mich", sagte die andere.

→ *Die Kinder malen ihre Enten bunt an.*

Nach dem Buntmalen trafen sich die Entendamen wieder. Alle sahen nun anders aus. Die eine war rosa, die nächste grün, wieder eine hatte bunte Punkte auf ihren Federn … Es war ein lustiges Bild, aber Erika war ein wenig enttäuscht. Waren die Enten nun schöner? Nein, eigentlich nicht. „Seht euch um", rief sie. „Was seht ihr jetzt?" „Ein buntes Chaos. Man erkennt gar nicht mehr, dass wir Enten sind," sagte die eine. „Ich finde euch alle sehr nett, aber ihr seid alle nicht schöner geworden," sagte eine andere. Enttäuschung machte sich breit.

Erwartungsvoll sahen sie Erika an. Die musste erst mal schlucken. „Ich wollte uns ein neues, schönes Aussehen verpassen, aber unsere Geschmäcker sind so verschieden, dass wir kein einheitliches Aussehen finden werden. Hmmm …

Ich schlage vor, wir beenden diesen Kongress. Verabschiedet euch voneinander. Vielleicht ist es gut, einander Komplimente zu machen."

Alle Enten fanden den Vorschlag gut. „Du bist sehr freundlich", sagte eine Ente zu der anderen. „Und du kannst gut singen, das finde ich toll." „Ich finde es klasse, dass du so gut zuhören kannst." „Ich fühle mich bei dir sehr wohl." „Willst du meine Freundin sein?", so raunte und quakte es durch die Entenmassen. Es war ein wunderschöner Moment und Erika ergriff noch ein letztes Mal das Wort:

„Liebe Freundinnen, was ich hier grad gehört habe, tut mir so richtig gut. Jetzt habe ich gemerkt, dass es gar nicht um schöne Farben und Federn geht und darum, ob unser Schnabel gelb oder braun ist. Nein, es geht darum, dass wir freundlich zu einander sind, dass wir einander zuhören, einander helfen. Das ist viel wichtiger, als schillernde Federn." Erika musste ihre Rede unterbrechen, denn der Jubel der Enten übertönte ihre Worte. Als es wieder ruhig wurde, fuhr sie fort: „Zur Erinnerung an diesen Tag schenke ich jedem von euch zwei dunkelblaue Federn. Die steckt ihr euch an eure Flügel und die sollen euch an diesen Tag erinnern. Daran, dass innere Schönheit wichtiger ist als bunte Federn zu haben."

Seit diesem Tag haben alle Enten eine blaue Feder an jedem Flügel und schwimmen genauso stolz wie die Erpel auf dem großen Ententeich herum.

Karneval im Zoo

Inhalt: Die Tiere im Zoo schminken sich als andere Tiere.

Requisiten: Vorlagen von Zootieren (Elefant, Zebra, Pferd, Tiger, Giraffe, Panda, Bär, Affe, Schlange ...)

Methode: Die Kinder malen die Tiere „verkleidet" oder „geschminkt" aus. Am Ende werden die Tiere hintereinander aufgeklebt als Polonaise.

Es war Karneval und der Zoodirektor hatte alle Kinder eingeladen, verkleidet in den Zoo zu kommen. Manche Kinder kamen als Clown, Prinzessin, Zauberer oder Sheriff, aber die meisten Kinder hatten sich als Tiere verkleidet. Es liefen viele kleine Elefanten, Katzen, Löwen und Bären herum. Die Tiere im Zoo staunten nicht schlecht. Diese verrückten Menschenkinder!

Der große Elefant hatte eine Idee: Was die Kinder können, das können wir auch! Er fragte Wärter Carlo, ob die Tiere auch Karneval feiern dürften. Wärter Carlo fand die Idee klasse und organisierte große Eimer mit Farben.
„Ich werde Zebra", sagte der große Elefant und Wärter Carlo malte dem grauen Riesen weiße und schwarze Streifen auf den Bauch, auf die Beine und sogar auf den Rüssel.

„Ich will Giraffe werden", sagte das Zebra.
So riefen alle Tiere, was sie werden wollen. Die Zoowärter pinselten und klecksten bis alle Tiere geschminkt waren.

→ *Die Kinder malen die Tiervorlagen „geschminkt" aus.*

„Und jetzt eine Polonaise durch den Zoo!", rief das Zebra. Die Elefanten trompeteten mit ihren langen Rüsseln und dann zogen alle Tiere verkleidet und geschmückt los.

→ *Die Tiere werden ausgeschnitten und hintereinander aufgeklebt.*

Die verkleideten Zoobesucher schlossen sich bei der bunten Polonaise an und so wurde es eine fröhliche, bunte Karnevalsfeier im Zoo.
Als es dunkel wurde, gingen die Kinder nach Hause und im Zoo kehrte wieder Ruhe ein. Nur wussten die Tiere nicht mehr, in welches Gehege sie sich zurückziehen sollten. Musste der als Zebra verkleidete Elefant ins Zebragehege oder ins Elefantenhaus?
Während die Tiere noch etwas unschlüssig vor den Gehegen standen, fing es an zu regnen. Zuerst waren es nur ein paar Tropfen, dann aber wurden es mehr und mehr. Schon bald war nicht mehr viel von der Schminke zu sehen und die aufgemalten Farben verschwanden im Gulli.
Die Elefanten spritzten die letzten Farbtupfer bei ihren Freunden weg und wünschten allen eine gute Nacht. Und ein jedes Tier kehrte in sein Gehege zurück.

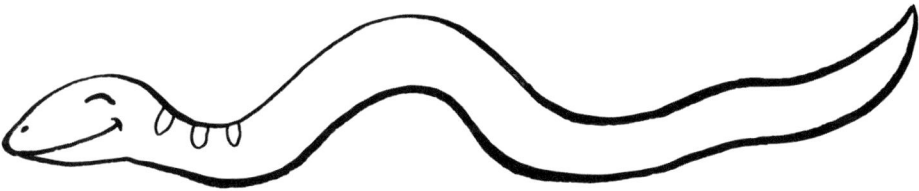

Kleider würfeln

Inhalt: Katharina und Heiner können sich nicht entscheiden, was sie anziehen wollen. Sie würfeln, welche Farben ihre Kleidung haben soll.

Requisiten: Vorlage von einem Jungen und einem Mädchen. Der Junge: Vorlagen von T-Shirt, kurze Hose, Socken, Schuhe, Kappe. Das Mädchen: Vorlagen von T-Shirt, Rock, Socken, Schuhe, Schleife fürs Haar, je nach Alter und Zeit Buntstifte, Wachsmaler oder Wasserfarben (zum Mischen)

Methode: Die Kinder schneiden die Kleidung aus und malen sie auf der Vorlage je nach gewürfelter Farbe (Zahl) an. Anschließend können die Kleidungsstücke aufgeklebt werden. Wer mag, kann auch verschiedene Varianten malen und kombinieren

Katharina steht vor ihrem Kleiderschrank. Was soll sie heute bloß anziehen? Soll sie den roten oder den blauen Rock anziehen? Soll sie das gelbe oder das grüne T-Shirt nehmen? Ihr Bruder Heiner kann ihr nicht helfen. Er hat das gleiche Problem. Die blaue Hose oder die grüne? Dazu das orangene T-Shirt oder das lilafarbene? Von unten ruft Mama: „Kinder, ihr müsst euch beeilen, die Schule fängt bald an und der Kindergarten auch."
Die Zeit drängt, aber die beiden Kinder können sich nicht entscheiden. Plötzlich hat Katharina eine Idee: „Komm, wir machen ein Spielchen!", ruft sie.

Fortsetzung für kleine Kinder:

Sie holt einen Farbwürfel aus dem Spielekasten.

„Welche Farbe soll mein Rock haben?", fragt sie und würfelt. Heiner würfelt auch für die Farbe seiner Hose.

Jedes Kind wirft den Würfel und malt den Rock/die Hose in der entsprechenden Farbe aus.

„Welche Farbe soll mein T-Shirt haben?", fragt Katharina jetzt und würfelt wieder. „Und meins?", fragt Heiner und würfelt auch.

So geht es weiter, bis alles ausgemalt ist.

Fortsetzung für etwas größere Kinder:

Katharina holt einen Würfel aus dem Spielekasten. „Heiner, pass gut auf: Wenn ich eine Eins würfele, ist das Rot, dann muss ich ein rotes Teil anziehen. Wenn ich eine Zwei werfe, dann heißt das Blau, eine Drei ist Gelb, Vier ist Grün, Fünf ist Lila und Sechs ist Orange." Heiner nickt. „Welche Farbe soll mein Rock haben?", fragt Katharina und würfelt. Heiner macht das gleiche mit seiner Hose.

Die Kinder würfeln und malen ihren Rock oder Hose in den Farben aus, wie sie gewürfelt haben. So geht es weiter mit dem T-Shirt, den Socken, Schuhen usw.

Variante für Kinder, die Farben mischen können:

Katharina holt zwei Würfel aus dem Spielekasten. „Heiner, jetzt muss du gut aufpassen. Eins und Zwei steht für Rot, Drei und Vier ist Blau, Fünf und Sechs ist Gelb. Wenn du mit dem einen Würfel eine Eins und mit dem anderen eine Drei wirfst, dann hast du Rot und Blau und das wird gemischt zu Lila." Heiner nickt. Katharina würfelt: „Welche Farbe soll mein Rock haben?", und Heiner würfelt mit der Frage: „Welche Farbe soll meine Hose haben?"

→ *Die Farben werden gemischt, wie die Würfel fallen. Dies jeweils wiederholen, bis alles angemalt ist.*

Als die beiden Kinder an den Frühstückstisch kommen, lachen Mama und Papa.
„Ihr habt aber zusammengewürfelte Klamotten an!"

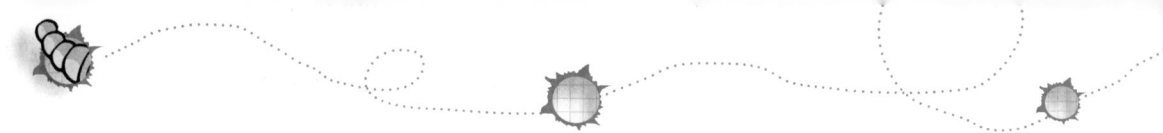

Kuchenmandala

Inhalt:		Leo backt einen Boden mit verschiedenen Früchten, die zusammen ein Mandala bilden.

Requisiten: Für kleine Kinder: Vorlage mit Früchtemandala
Für größere Kinder: Vorlage mit nur einer Erdbeere in der Mitte
Buntstifte oder Filzstifte

Methode: Die Geschichte wird unterbrochen nachdem beschrieben wird, wie Leo den Kuchen verziert. Die Kinder malen das Mandala aus bzw. gestalten selbst ein Früchtemandala.

Weil Leo morgen Geburtstag hat, geht er mit Mama Geburtstagseinkäufe machen. Sie haben eine lange Einkaufsliste gemacht, denn Leo will einen ganz besonderen Geburtstagskuchen: einen Boden mit ganz, ganz vielen verschiedenen Früchten!
Und außerdem gehören Chips und Limonade unbedingt zu einem Kindergeburtstag, findet er. Mit vollen Einkaufstaschen kehren Leo und Mama heim.
Sie fangen gleich an zu backen. Leo hilft Mama beim Teigmischen und beim Einfetten der flachen Backform. Und ab in den Ofen!
Mama und Leo entkernen Kirschen und Pflaumen, schneiden Bananen in kleine Scheiben, waschen Weintrauben und Erdbeeren und schälen Mandarinen. Ab und zu verschwindet auch ein Stückchen von dem Obst in Mamas oder Leos Mund. Lecker!
Als Mama den Kuchenboden aus dem Ofen holt, ist er goldbraun gebacken und riecht köstlich! Eben abkühlen lassen und dann kann es losgehen.
Mama legt genau in die Mitte eine dicke rote Erdbeere. Jetzt verziert Leo den Boden von der Mitte nach außen: zuerst ein paar Weintrauben um die Erdbeere

herum, dann die Bananenscheiben, die Mandarinenstückchen und danach die Kirschen, immer schön um die Mitte.

→ *Fortsetzung für kleine Kinder: Die Kinder malen die Vorlage (mit Früchten) aus. Für größere Kinder: Die Kinder malen selbst die verschiedenen Früchte und bauen so ein Mandala auf. Je nach Alter und Erfahrung der Kinder kann es entsprechend komplexere Strukturen bekommen.*

Am nächsten Tag, als Leo aus dem Kindergarten nach Hause kommt, hat er keinen Hunger auf das Mittagessen. Er will lieber seinen Geburtstagskuchen essen. Aber Mama ist streng. Erst wenn die Gäste da sind, gibt es den Kuchen.
Oma und Opa staunen nicht schlecht, als sie den Kuchen sehen. Sie kennen ja Erdbeerboden und Kirschboden und Mandarinenboden, aber dieser Boden ist doch sehr besonders. Er schmeckt ihnen ausgezeichnet. „Leo, wenn ich Geburtstag habe, wünsche ich mir auch so einen schönen Kuchen von dir", erklärt Oma. „Kein Problem, Oma!", sagt Leo stolz und nimmt sich noch ein Stückchen.

Warum ist das Gras grün?

 Inhalt: Mama erzählt eine Geschichte, wie Gott die Farbe für die Gräser erfand.

 Requisiten: Wasserfarbe (blau und gelb), Schwämmchen, Wasser, Papier für jedes Kind

Methode: Kinder experimentieren mit blauer und gelber Farbe und entdecken, dass Grün auf diese Weise entsteht.

„Mama, warum ist das Gras grün?", fragt Nils und fügt hinzu „Aber erzähl mir nichts von Chlorophyll oder so einem Zeug, das versteh ich doch noch nicht."

Da muss Mama einen kurzen Moment nachdenken. „Hmm, das ist eine schwierige Frage, wenn ich dir nichts über die Photosynthese erzählen darf."

„Die Photo-was? Nee, Mama. Denk dir mal eine Geschichte aus, die ein Kind verstehen kann."

Mama bleibt ein paar Minuten still und überlegt.

„Weißt du noch, wer die Welt geschaffen hat und wie das vor sich ging?", fragt sie.

„Natürlich!", ruft Nils. „In der Wissenschaft sprechen sie vom Urknall, aus dem dann alle Planeten und so entstanden sind und dann auf einem der Planeten, nämlich unserer Erde langsam Leben entstand. Aber du meinst sicher den lieben Gott, der in sieben Tagen die Welt erschaffen hat."

„Schlaues Kerlchen", sagt Mama und streicht ihrem Sohn über den Kopf.

„Also, an dem Tag, an dem Gott die Pflanzen, also alle Bäume, Blumen und auch das Gras erschuf, hat er erst alle Pflanzen gefragt, welche Farbe sie haben wollten. Zu dem Zeitpunkt gab es nur Himmel, Erde und Sonne. Die Erde war braun und dunkel und der Himmel war blau. Die Sonne war natürlich damals auch schon gelb. Jetzt fing eine Diskussion an zwischen den Grashalmen. Sie diskutierten, ob es schöner sei, blau zu sein oder gelb. Sie wollten auf keinen Fall so braun sein, wie die Erde. Man sollte sie sehen und unterscheiden können von der Erde. Sie diskutierten stundenlang und kamen zu keinem Entschluss. Schließlich mischte sich Gott wieder ein und sagte: „Wenn ihr euch nicht einig werdet, machen wir eine Abstimmung. Ich hab schließlich nicht ewig Zeit. Morgen sind die Tiere dran und es ist schon zwölf Uhr. Wer ist für blau?" Und alle Gräser, die blau sein wollten streckten sich in den Himmel, die anderen legten sich platt auf die Erde. Gott zählte sie, es waren genau 13283 Stimmen für blau. Danach fragte er: „Wer ist für gelb?" Und genau 13283 Gräser reckten sich in den Himmel und die 13283 anderen legten sich auf den Boden. Also Gleichstand.

Da war Gott ratlos. Wie konnte er nur gerecht sein, wenn er der Hälfte der Gräser eine Farbe verpasste, die sie nicht wollten?

Er ging in sein Atelier, nahm sich ein Blatt Papier, die blaue und die gelbe Wasserfarbe und fing auf der einen Seite an, gelbe Gräser zu malen und auf der anderen Seite blaue Gräser.

→ *Die Kinder machen mit.*

Plötzlich fing es auch noch an zu regnen und so wurde die Mitte des Blattes nass.

Mit einem Schwämmchen das Blatt befeuchten.

Da es schon Nachmittag war, konnte er nicht mehr lange warten und malte weiter. Er käme sonst zu spät zur Erschaffung der Tiere.

Er malte weiter und sah, wie sich in der Mitte die gelbe und die blaue Wasserfarbe mischten zu einer neuen Farbe.

Die Kinder lassen die Farben auf dem Papier ineinander fließen und sich mischen.

„Das ist die Lösung!", rief er und lief mit der neuen Farbe zu den Gräsern. Sie waren begeistert! Die Farbe gefiel ihnen sehr gut!

Die Bäume, die um die Ecke schauten, um sich das Spektakel anzusehen, riefen: „Lieber Gott, können meine Blätter die gleiche Farbe bekommen?"

Gott nannte diese Farbe „Grün" und gestaltete mit verschiedenen Grüntönen die Pflanzen der Erde.

Und darum, mein lieber Nils, ist nicht nur das Gras grün, sondern auch die Stängel der Blumen und die Blätter der Bäume."

„Das war eine schöne Geschichte, Mama", sagt Nils und pflückt ihr einen prächtigen grünen Gräserstrauß.

Schokoladentorte für Papa

Inhalt: Mama backt einen Kuchen mit vielen verschiedenen Obstsorten und einem Schokoladenguss. In der Nacht wird die Schokolade von Mäusen abgenagt.

Requisiten: bunte Wachsmalkreiden, schwarze Wachsmalkreiden, Kratzer oder Schaber

Methode: Die Kinder malen die verschiedenfarbigen Tortenlagen und bedecken die „Torte" mit schwarzem oder dunkelbraunem Wachsmalstift. Wenn die Mäuse kommen und nagen wird langsam die schwarze Schicht abgeschabt, wodurch die untersten Lagen sichtbar werden. Die Mäuse können dazu gemalt oder geklebt werden (Vorlage).

Variationen: Man kann mit der ganzen Gruppe eine Bildergeschichte daraus machen. Beim ersten Bild wird nur eine Maus gemalt und nur wenig geschabt, im nächsten sind es schon zwei Mäuse und mehr weggeschabte Flächen, im nächsten wieder mehr usw.

Die Mäuse können entweder durch die Kinder gemalt werden oder aus der Vorlage kopiert, ausgeschnitten und aufgeklebt werden.

Morgen hat Papa Geburtstag. Papa freut sich auf seine allerliebste Lieblingstorte: Eine Torte mit vielen verschiedenen Obst- und Beerensorten und dann einem dicken Schokoladenguss darüber. Mama ist die weltallerbeste Lieblingstorten-

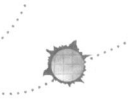

bäckerin. Sie fängt morgens an mit dem Boden. Sie gibt ein wenig Safran dazu, damit er richtig schön gelb wird und backt ihn im Ofen.

→ *Die Kinder malen die erste Schicht gelb.*

Danach verteilt sie wunderschöne rote Erdbeeren auf dem Boden.

→ *Die Kinder malen Erdbeeren auf den Tortenboden.*

„Hmmm, das sieht lecker aus", denkt sie. „Jetzt noch Mandarinen."

→ *Orangefarbene Mandarinen werden gemalt.*

„Ich habe Blaubeeren gepflückt", ruft Papa. Die können wir auch noch auf die anderen Früchte legen.

→ *Die Kinder malen Blaubeeren.*

„Ich glaub, ich hab noch ein Glas Kirschen im Keller stehen", sagt Mama und Papa holt es gleich herauf. Peter verteilt die Kirschen auf dem Kuchen.

→ *Die Kinder malen rote Kirschen.*

„Mama, ich pflück schnell noch ein paar Pflaumen, " ruft Peter, der Mama gerne beim Backen hilft.

Jetzt kommen die Pflaumen auf den Kuchen.

→ *Mit dunklem Blau oder Violett werden Pflaumen gemalt.*

„Haben wir noch mehr Beeren oder Obst?", fragt Mama.

Oma kommt mit einer Schale grüner Weintrauben herein. „Genau was wir brauchen!", freut sich Mama und verteilt die Weintrauben auf dem Kuchen.

→ *Die Kinder malen grüne Weintrauben.*

„Oh, das sieht lecker aus!", freut sich Oma.

„Und jetzt?", fragt Mama. „Schokoladenguss!", rufen Peter, Oma und Papa.

Mama erhitzt Schokolade und verteilt die flüssige Schokolade über dem Kuchen.

→ *Die Kinder malen mit Schwarz oder Dunkelbraun über die Torte.*

Mama stellt den Kuchen zum Kühlen in den Keller. Morgen werden sie ihn mit Kerzen verzieren und dann Papa wecken und ein Geburtstagslied für ihn singen.

Als alle im Bett liegen und schlafen, wird im Keller eine kleine Maus wach und riecht gar leckere Dinge. „Rieche ich Schokolade?", denkt die Maus. „Die esse ich ja so fürchterlich gerne!" Und sie schnüffelt und sucht nach der Schokolade. Sie stößt mit ihrem Schnäuzchen gegen etwas Kaltes, Hartes – das ist die Schokolade!

→ *Eventuell können die Kinder eine Maus malen oder dazu kleben.*

Sie nimmt einen Bissen. „Hmmm, lecker", denkt sie und nimmt noch einen Bissen.

→ *Die Kinder kratzen ein Stückchen von dem Schwarz ab.*

Und noch einen und noch einen.

→ *Wieder wird mehr Schwarz abgekratzt.*

Ihre Freundin sucht sie schon und ruft: „Hey, wo bist du denn?" „Hier", ruft die Maus. „Komm her, hier gibt es Schokolade."

→ *Eventuell können die Kinder noch eine Maus dazu zeichnen oder kleben.*

Die beiden essen wieder einen Bissen und noch einen und noch mehr.

→ *Die Kinder kratzen immer wieder ein bisschen Schwarz weg.*

Ihr Bruder hört die beiden Mäuse schmatzen und riecht die Schokolade. „Gibt es da noch mehr?", ruft er. „Ja!" rufen die Mäusemädchen mit vollem Mund. „Komm, es ist genug für alle da!"

Jetzt knabbern sie zu dritt an dem Kuchen. Immer mehr Schokolade wird abgenagt. Als alles fast aufgegessen ist, sind ihre Bäuche kugelrund. Ihre Pfoten sind braun von der Schokolade. Sie schleppen sich wieder in ihre Mauselöcher und machen einen Verdauungsschlaf.

Als Peter morgens als Erster wach wird, läuft er schnell in den Keller, um den Kuchen zu holen. Als er das Licht anmacht, sieht er, dass von dem Schokoladenguss nicht mehr viel übrig ist.

Er ruft: „Mama, komm schnell!" Als Mama ihren Kuchen sieht, weiß sie nicht, ob sie lachen oder weinen soll. „Es sieht aus, als ob die Mäuse heute Nacht schon Geburtstag gefeiert haben.

„Anstatt eines Geburtstagskuchens gibt es heute einen Geburtstagsobstsalat. Peter, hol ein paar Kirschen und Pflaumen aus dem Garten. Wir fragen Oma, ob sie noch Weintrauben hat und ich glaube, dass ich noch ein paar Erdbeeren und Blaubeeren und vielleicht sogar noch Mandarinen im Kühlschrank habe."

Als der Obstsalat fertig ist, stecken sie drei Kuchengabeln in ein paar große Erdbeeren und gehen singend ins Schlafzimmer. Papa wundert sich nicht schlecht über den Obstsalat. Als er die Geschichte hört, sagt er beschwichtigend: „Obstsalat ist ja auch viel gesünder als eine Schokoladentorte. Und macht auch nicht so dick."

Die schöne Schmetterlingsmama

Inhalt: Die Raupe Lola fühlt sich hässlich. Sie frisst viel, verkriecht sich in einem Kokon und wird ein Schmetterling.

Requisiten: Papier und Stifte, eventuell Vorlage eine Schmetterlings

Methode Am Ende der Geschichte malen die Kinder die Raupe und den Schmetterling.

„Mama", sagte die kleine Raupe Lola zu ihrer Mutter, dem Schmetterling. „Warum bin ich so hässlich, obwohl du doch so wunderschön bist. Du hast so schöne Flügel und schwebst so galant durch die Gegend. Und ich?", seufzte Lola. „Ich krieche mit meinem dicken Körper von Blatt zu Blatt."

Mama Schmetterling lächelte nur und sagte: „Wart nur ab, eines Tages wirst Du etwas Besonderes erleben." Und sie flatterte hoch, machte eine Pirouette und landete auf einem leuchtend gelben Löwenzahn.

„Was meint Mama damit nur?", fragte sich die kleine Raupe und biss in das herrliche Salatblatt auf dem sie saß. Sie merkte, dass sie großen Hunger hatte. Danach wartete sie auf das Besondere – nichts passierte. Sie aß noch etwas vom Kohlrabiblatt und wartete wieder – nichts passierte. Sie kroch weiter zum Weißkohl und fraß dort ein wenig. Danach wartete sie, wieder nichts – oder doch? Sie wurde dicker und dicker und auf einmal platzte ihre Haut auf. Es tat gar nicht weh, denn unter der alten Haut hatte sich schon eine neue gebildet. Sie schlüpfte aus der alten Haut und konnte mit der neuen weiter kriechen und sich an den Möhren laben.

Ab und zu sah sie ihre Mutter von Blume zu Blume flattern. „Ach, sie ist so schön ...", schwärmte Lola traurig. Sie kletterte auf einen Baum und bastelte sich einen Kokon um sich herum. Diese Hülle war ganz dicht an ihrer Haut und so fest, dass keiner herein kommen konnte. Sie wurde müde und fiel in einen tiefen Schlaf. Als sie wieder wach wurde, wollte sie sich recken und strecken und öffnete den Kokon wieder. Aber was war das?

Sie fühlte, dass sie lange und dünne Beine hatte und was war das auf ihrem Rücken? „Ich muss hier ganz herauskriechen, sonst kann ich es nicht gut sehen," dachte sie und ruckte an ihrem eigenen Körper.

Hau ruck und sie war frei – und breitete ihre wunderschönen Flügel aus. Und dann flatterte sie, noch etwas ungeübt, auf die Blumenwiese. „Mama", rief sie. „Schau mal, wie schön ich geworden bin!"

„Hab ich's dir nicht versprochen?", sagte Mama und flatterte fröhlich um ihre Tochter herum. „Du bist der schönste Schmetterling, den ich je gesehen hab. Komm, ich lad dich ein auf einen Löwenzahnnektar, meine Große."

→ *Die Kinder malen Lola als Raupe und als Schmetterling.*

Geschichten zur Förderung der Kreativität

Der verrückte Geburtstag

Inhalt: Zum Geburtstag von einem verrückten Künstler werden andere verrückte Künstler eingeladen und ein jeder malt so verrückt wie möglich ein Selbstportrait.

Requisiten: (festes) Papier, Stifte (die man in den Mund nehmen kann), Farbe

Methode: Die Malmethode eines jeden Künstlers wird beschrieben. Die Kinder machen dies nach. Die Geschichte kann nach Belieben gekürzt werden oder über verschiedene Tage verteilt werden.

Der Künstler Verrückter Franz lud zu seinem Geburtstag seine Freunde zu einem verrückten Künstlertreffen ein. Sie kamen alle: Aus den Niederlanden kam Gekke Henkie, aus England kam Crazy Carmen, aus Amerika kam Willy Weirdo, aus Frankreich Francine Folle, aus Spanien Leon Loco und aus Italien Pietro Pazzo.

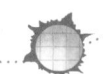
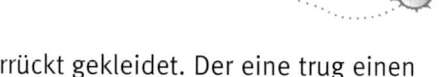

Sie hatten sich für den Geburtstag extra verrückt gekleidet. Der eine trug einen bunten Hut, der andere eine schräge Fliege oder lustige Gummistiefel.

An Stelle von Geschenken hatte Verrückter Franz um verrückte Selbstportraits gebeten. Diese sollten während des Geburtstages entstehen. So würde er von allen Freunden ein verrücktes Kunstwerk bekommen und sich immer an sie erinnern.

Gekke Henkie aus den Niederlanden fing an. Anstatt mit seinen Händen zu malen, nahm er den Stift in den Mund und malte ein lustiges Selbstportrait. Seine große blau-rot-karierte Fliege durfte natürlich nicht fehlen.

→ *Die Kinder malen mit dem Mund.*

„Das ist ja ein total verrücktes Bild geworden!", freute sich Franz und hing das Kunstwerk in seine Galerie. „Dankjewel!", sagte er zu Henkie.

Als nächstes war Crazy Carmen aus England an der Reihe. Sie zog einen Gummistiefel und den Socken aus, steckte den Stift zwischen ihre Zehen und fing an, sich selbst zu malen! Als Letztes malte sie, so gut es ging, ihre riesengroße Blume, die sie im Haar trug.

→ *Die Kinder malen mit dem Stift zwischen den Zehen.*

„Wie verrückt ist das denn! Super, Carmen!", freute sich Franz wieder und hing auch dieses Bild in die Galerie. „Thank you!", rief er Carmen zu.

Was wird Willy Weirdo machen? Er nahm Franz´ Hand und sagte zu ihm, er solle die Augen schließen. Dann steckte er Franz einen Stift in die Hand und malte zusammen mit Franz ein Bild von sich, Willy mit seinem kunterbunten Hut.

→ *Die Kinder malen in Pärchen. Der eine leitet, der andere lässt sich leiten.*

Als Franz die Augen wieder öffnen durfte, war er begeistert und hing auch dieses Bild in die Galerie. „Thanks a million!", sagte er zu seinem Freund.

Die Französin Francine Folle krämpelte ihre Ärmel hoch und tupfte ihren Zeigefinger in die Farbe. Damit malte sie sich selbst. Sie war vor allem zu erkennen an ihrem roten Lippenstift und dem rosa Schal um den Hals.

→ *Die Kinder malen mit den Fingern.*

Franz war hin und weg von diesem Kunstwerk, hing es auf und bedankte sich: „Merci beaucoup!"

Leon Loco aus Spanien setzte sich mit dem Rücken zum Papier. Er malte also hinter seinem Rücken. Man erkannte sogar seinen langen, schwarzen Schnurrbart.

→ *Die Kinder malen hinter ihren Rücken.*

„Unglaublich!", schwärmte das Geburtstagskind und hing das Kunstwerk auf. „Muchas gracias", sagte er zu Leon.

Pietro Pazzo, der Italiener, bat Franz, den Stift leicht auf einen Punkt auf dem Papier zu setzen und festzuhalten. Wieder musste er die Augen schließen. Pietro hielt das Papier fest und bewegte dieses unter dem Stift von Franz. So entstand ein Bild von Pietro. Man erkannte ihn vor allem an seiner Hahnenkammfrisur und seinen großen Ohrringen.

→ *Die Kinder malen zu zweit, wobei eines mit geschlossenen Augen den Stift hält und der Partner das Papier bewegt.*

Als Franz die Augen wieder öffnete, staunte er nicht schlecht. Er hing auch dieses Bild auf. „Mille grazie!", rief er.

Da stand Verrückter Franz vor sechs verrückten Portraits von seinen sechs verrückten Freunden. „Liebe Freunde", sagte er gerührt, „ich freue mich sehr über diese Bilder. So habe ich euch und eure Verrücktheiten immer bei mir. Schön, dass wir Freunde sind." Francine Folle war gerührt und wischte sich eine Träne von der Wange.

„Jetzt lade ich euch ein zu einem verrückten Torten-Essen. Wer kann am verrücktesten essen?", rief der Verrückte Franz. So aßen sie wild wie noch nie, fütterten sich gegenseitig und es kam, was kommen musste: Das Ganze artete in eine Tortenschlacht aus!

Am Abend ging ein jeder beschmiert aber glücklich in sein Hotelzimmer. So schnell werden sie diesen Geburtstag nicht vergessen!

Die Regenbogenschuhe

Inhalt: Robert findet geheimnisvolle Schuhe, die farbige Linien hinterlassen, wenn man sie trägt.

Requisiten: Papier und je nach Altersstufe Wachs- oder Buntstifte oder Wasserfarben zum Mischen der Farben Rot, Blau und Gelb für jedes Kind.

Methode: Die Geschichte ist für eine kleinere Gruppe am Maltisch geeignet. Zwischen den Abschnitten lässt der Vorleser den Kindern genügend Zeit, die Übung zu machen.

An dem Tag, an dem genau über dem Haus der Familie Bornschuh ein Regenbogen endete, ging Robert Bornschuh auf den Dachboden, um seinen Cowboyhut zu suchen. Er machte das Licht an und schaute nach rechts. Dort standen: ein großer, alter Schrank, ein paar Umzugskisten und ein altes Fahrrad. Er schaute nach links – ja was war das? Dort stand eine alte, hölzerne Truhe mit Eisenverschlägen. Die hatte er hier noch nie gesehen. Sie sah so aus, wie Robert sich eine echte Schatzkiste vorstellte. Er ging hin und öffnete die Klappe. Sie quietschte laut. Er staunte nicht schlecht, als er darin nicht den erhofften Goldschatz fand, sondern ...

Habt ihr eine Idee, was in dieser Kiste drin war?

Es waren keine Bücher und keine Kleider. Kein Schmuck und keine Diamanten. Es waren Schuhe! Ein rotes, ein blaues und ein gelbes Paar Schuhe. Weil Schuhe im Haus verboten waren, nahm er sie mit nach draußen.

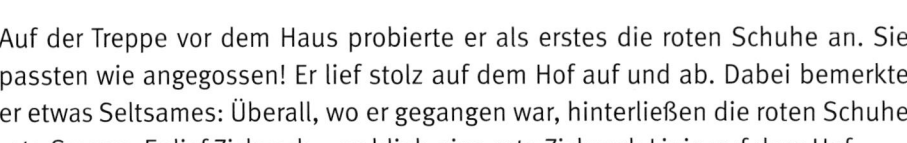

Auf der Treppe vor dem Haus probierte er als erstes die roten Schuhe an. Sie passten wie angegossen! Er lief stolz auf dem Hof auf und ab. Dabei bemerkte er etwas Seltsames: Überall, wo er gegangen war, hinterließen die roten Schuhe rote Spuren. Er lief Zickzack – es blieb eine rote Zickzack-Linie auf dem Hof.

Er zog die blauen Schuhe an und lief im Kreis. Es blieben blaue Kreise auf dem Hof.

→ *Kinder malen mit dem roten Stift den Weg von Robert.*

Mit den gelben Schuhen lief er kreuz und quer über den Hof. So hinterließ er eine gelbe Kuddelmuddel-Linie.

→ *Den Kindern Zeit geben zu malen*

„Das ist ja lustig", dachte Robert. „Ich kann auf dem Hof malen!" Er zog abwechselnd die roten, die blauen und die gelben Schuhe an und lief mal im Zickzack, mal im Bogen, mal drehte er sich auf der Stelle, mal sprang er kräftig wie ein Hase. Es machte ihm viel Spaß.

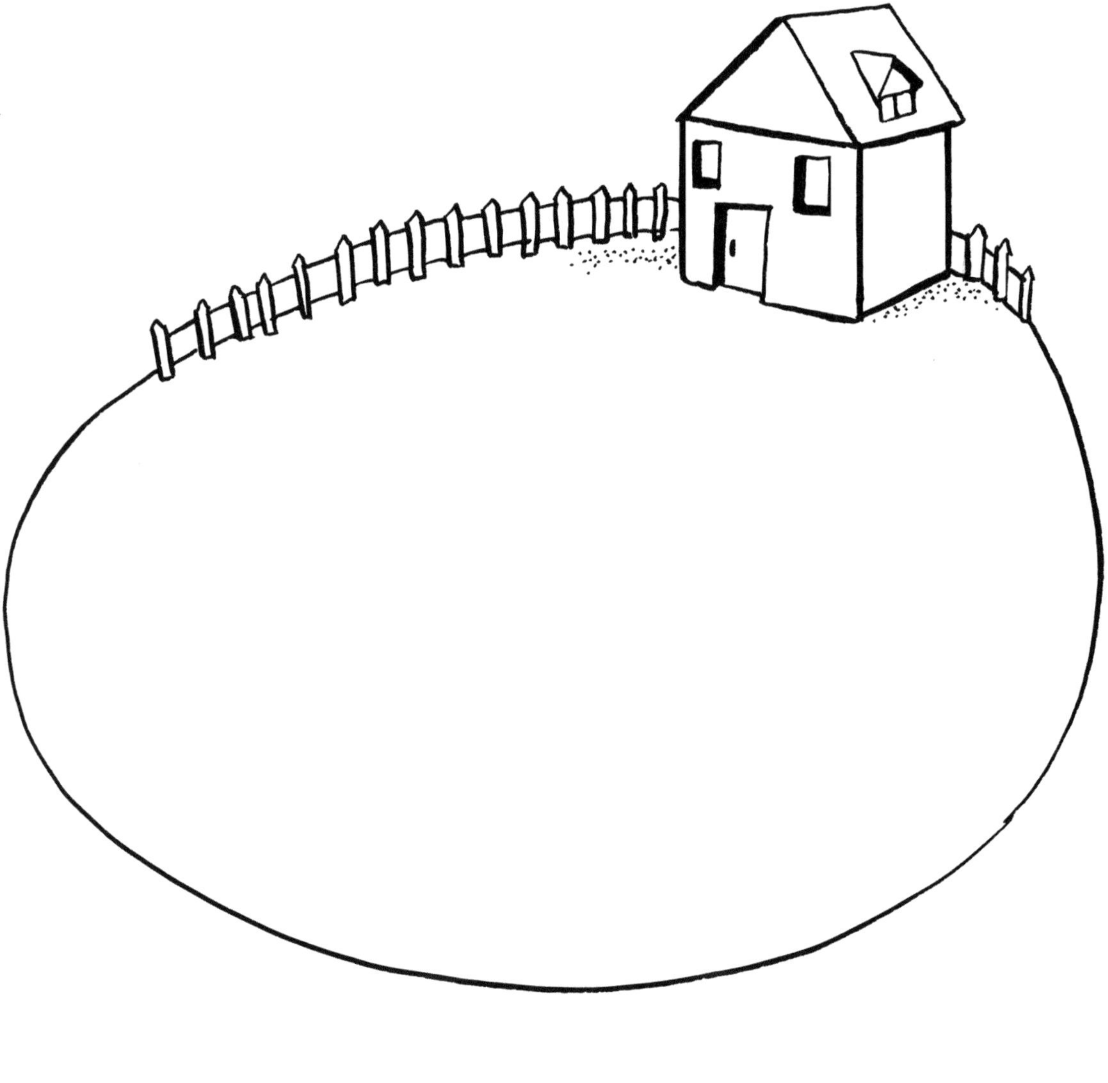

Die heißen Stifte

 Inhalt: Die Stifte werden so heiß, dass man nur wenige Sekunden mit ihnen malen kann. Dann muss ein nächstes Kind weiter malen.

 Requisiten: Papier und Stifte

 Methode: Reihum darf jedes Kind nur kurz malen. Gemeinsam entsteht ein Bild. Es ist hilfreich ein Thema zu bestimmen (Ostern, Weihnachten, ein Tier, ein Auto ...).

Ich habe hier ein paar besondere Stifte. Sie sehen aus, wie ganz normale Stifte, aber wenn man mit ihnen malt, entfalten sie ihr Geheimnis. Sie werden nämlich innerhalb von wenigen Sekunden richtig heiß. So heiß, dass man sie nicht mehr festhalten kann. Man kann mit ihnen malen, aber man muss nach ein paar Sekunden den Stift wieder fallen lassen und dann kann der nächste weitermalen. Auf die Weise können wir gemeinsam ein Bild malen. Einer fängt an zu malen und nach fünf Sekunden darf der nächste weitermalen, denn der Stift wird viel zu heiß.

Rückenpost

Inhalt: Die Kinder malen einander mit den Fingern auf den Rücken

Requisiten: (Blei)stifte und Papier

Methode: Die Kinder malen einander mit Fingern auf den Rücken. Das vordere Kind malt, was es gefühlt hat auf Papier oder mit den Fingern auf den Rücken eines nächsten Kindes usw.

Auf dem 80. Geburtstag von Onkel Willem saßen alle Nichten und Neffen an einem langen Tisch. Sie tranken Apfelsaft und hörten den langweiligen Reden zu. Tim saß ganz am Ende des Tisches und wollte nur zu gerne eine Banane, die ganz vorne auf dem Tisch lag, essen. Aber er musste ja still sein. Da malte er kurzerhand seiner Schwester Sabrina, die vor ihm saß, mit den Fingern eine Banane auf den Rücken. Diese verstand es und gab die Information weiter, indem auch sie mit dem Zeigefinger eine Banane auf den Rücken ihres Vordermannes malte. Am Ende wanderte die Banane, nach hinten und Tim konnte sie essen. Jetzt malte die vorderste Cousine auf den Rücken ihrer Vorderfrau eine Flasche. Denn diese stand bei Tim.

Auch als die Reden vorbei waren malten sich die Kinder noch geheime Botschaften auf den Rücken. Es kam schon mal vor, dass jemand etwas anders verstand und so bekam jemand, der eine Birne haben wollte, eine Flasche Wein, aber das war das lustigste an dem Spiel.

Als die Kinder Stifte und Papier fanden, konnten sie weiter spielen. So malte der eine dem anderen mit dem Finger auf den Rücken und der malte oder zeichnete, was er fühlte auf das Papier. Gar nicht so einfach. Um zehn Uhr kam Tims Mama

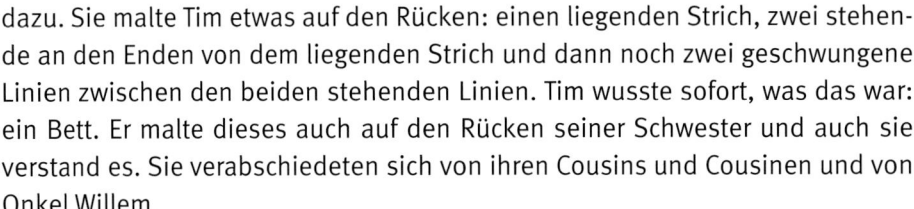

dazu. Sie malte Tim etwas auf den Rücken: einen liegenden Strich, zwei stehende an den Enden von dem liegenden Strich und dann noch zwei geschwungene Linien zwischen den beiden stehenden Linien. Tim wusste sofort, was das war: ein Bett. Er malte dieses auch auf den Rücken seiner Schwester und auch sie verstand es. Sie verabschiedeten sich von ihren Cousins und Cousinen und von Onkel Willem.

Bruno Brummeldrumpf

	**Inhalt:**	Bruno Brummeldrumpf malt hässliche Bilder und entdeckt darin kleine Minikunstwerke, mit denen er berühmt wird.
	Requisiten:	Mal- oder Zeichenmaterial, Diarahmen oder Pappkartonrahmen in etwa der gleichen Größe
	Methode:	Die Kinder malen in der ersten Unterbrechung „hässliche" Bilder. Später werden sie animiert, mit den Rahmen nach schönen Stücken in den „hässlichen" Bildern zu suchen. Diese können ausgeschnitten und auf anderes Papier geklebt werden, so dass sie zu Kunstwerken werden.

Alles an Bruno Brummeldrumpf war hässlich. Sein Name, seine Brille (es gibt ja sehr schöne Brillen, aber die von Bruno war wirklich hässlich), seine Haare, seine Hose und sein Pullover, seine Nase und seine Augen waren wirklich scheußlich. Wenn er lachte, eigentlich war es mehr ein hässliches Grinsen, sah man seine hässlichen Zähne gelb und braun und schief im Munde stehen.
Bruno wohnte in einem hässlichen Haus mit hässlichen Möbeln, Teppichen und einer hässlichen Katze. Er fühlte sich pudelwohl zwischen seinen hässlichen Schränken und seinen hässlichen Tapeten.

Hinter seinem hässlichen Haus stand ein alter Schuppen. Dort hatte Bruno sein Atelier eingerichtet. Bruno war nämlich Künstler.

Welche Farbe war wohl seine Lieblingsfarbe?

Bruno hatte eindeutig einen anderen Geschmack als die meisten Leute. Die meisten Leute fanden ihn und sein Haus hässlich. Bruno fand es jedoch schön. Bruno malte auch Bilder nach seinem eigenen Geschmack. Er fand sie schön, aber noch nie hatte jemand ein Bild von ihm gekauft oder ihn gefragt, ob er seine Bilder ausstellen möchte. Die Leute, die kamen, um seine Bilder zu sehen, liefen erschrocken wieder weg.

Auch an diesem Tag mischte Bruno wieder seine Farben, um ein wunderschön hässliches Bild zu malen.

Könnt ihr euch vorstellen, wie ein hässliches Bild aussieht? Malt auch mal ein hässliches Bild.

→ *Die Kinder malen ein „hässliches" Bild.*

Als Bruno fertig war, betrachtete er sein Bild. War es nach seinem Geschmack? Er arbeitete so konzentriert, dass er nicht einmal merkte, dass jemand sich seinem Atelier genähert hatte.

Eine alte, piekfeine Dame mit einem Zwickel (das ist ein Brillenglas, das man sich vor ein Auge kneift) klopfte an die Schuppentür. „Guten Tag, sind Sie Herr Brummeldrumpf? Ich habe schon viel von Ihnen gehört", sagte die Dame.

Bruno staunte nicht schlecht über diesen hohen Besuch. „G-g-guten Tag, gnädiges Fräulein", stammelte er und suchte nach einer passenden Haltung. „Ich meine, gnädige Frau", verbesserte er sich unbeholfen.

„Wissen Sie, ich bin fast blind und kann nur noch kleine Ausschnitte in meiner Umgebung erkennen. Ich muss dann ganz nah an die Bilder herangehen, um sie sehen zu können. Schöne große Bilder sind darum sehr schwierig für mich. Ich hoffe, sie können mir helfen," sagte die alte Dame.

„Gerne, aber wie?" Bruno konnte sich nicht vorstellen, wie er dieser Dame helfen konnte.

"Zeigen Sie mir ihr bestes Bild", sagte die Dame.

Bruno überlegte kurz und wählte dann sein letztes Bild aus und hielt es der alten Dame vor die Nase.

Die nahm ihren Zwickel und guckte sich jedes Detail von dem Bild an. Manchmal sagte sie erfreut: „Oh", oder enttäuscht: „Mmmh". Nach einigen Minuten sagte sie: „Das ist klasse, ich kaufe es."

Bruno verstand nicht recht. Wollte sie wirklich das Bild kaufen, das alle Besucher so furchtbar hässlich fanden? „Wie bitte?", fragte er erstaunt.

„Ich sehe nur einen kleinen Teil des Bildes. Nehmen Sie ein Stück Karton und schneiden Sie in der Mitte ein Rechteck aus. Dann haben Sie einen kleinen Rahmen. Den legen Sie irgendwo auf Ihr Bild. Stellen Sie sich vor, das, was Sie in dem Rahmen sehen, wäre das ganze winzige Kunstwerk. Dann können Sie mit dem Rahmen die schönste Stelle im Bild suchen", erklärte die Dame.

Bruno machte genau das und sah in seinem Bild ganz viele neue, sogar schöne Bilder!

→ *Die Kinder suchen mit den Rahmen nach eigenen Kunstwerken im Kunstwerk.*

Er schnitt die Ausschnitte aus und hing sie in einen kleinen, echten Bilderrahmen.

Am nächsten Morgen hing er ein Schild an sein hässliches Haus. Darauf stand: „Die kleinsten und schönsten Malereien der Welt zum kleinsten Preis".

Die Leute wunderten sich und kamen angelaufen, um die kleinsten Malereien zu sehen. Kann der hässliche Künstler Bruno etwa schöne Sachen machen?

Sie staunten nicht schlecht, als sie viele, viele kleine Rahmen sahen mit winzig kleinen, wunderschönen Bildern.

„Ach, so ein kleines Bild passt noch bei uns ins Wohnzimmer", dachte so manch einer und kaufte ein Bildchen mit Rahmen.

Bruno freute sich über seinen Erfolg und malte noch mehr hässliche Bilder, um sie danach mit dem kleinen Rahmen zu betrachten und daraus die schönsten Ecken auszuwählen. Mit vielen, vielen kleinen Bildchen wurde er weit über die Stadtgrenzen bekannt und es kamen Kunstkenner und Museumsdirektoren zu Besuch, um den Künstler Bruno Brummeldrumpf kennenzulernen und Bilder von ihm zu kaufen.

Verrücktes Haar

	Inhalt:	Eine Friseurin, die verrückte Frisuren macht, hat keine Ideen mehr. Die Kinder helfen ihr und malen verrückte Frisuren.
	Requisiten:	Vorlage mit kahlen Köpfen, gut deckende (Bunt-)Stifte, evtl. Fotos von Rockstars/Bands
	Methode:	Die Kinder malen verrückte Frisuren auf die Vorlage.

Frau Fritzi war Friseurin. Sie war aber keine gewöhnliche Friseurin, nein. Sie war Friseurin für Rockstars. Rockstars haben die verrücktesten Frisuren. Der eine hat einen roten Hahnenkamm, der andere hat grüne Stachelhaare und die Frauen trugen rosa Ponys und blonde Fransen oder raffinierte Hochsteckfrisuren. „Je verrückter, desto besser", war Frau Fritzis Motto. Ihre Arbeit machte ihr Spaß und ihr gingen nie die Ideen aus. Wirklich nie?

Eines Morgens wurde Frau Fritzi wach und schaute in ihren Terminkalender. Darin stand: 3 Uhr Band „Crazy Hair". Eine Band, die „Verrücktes Haar" heißt, muss natürlich wirklich verrückte Frisuren haben. Aber Frau Fritzi hatte auf einmal keine Ideen mehr. Ihr Kopf war leer. Sollte sie dem Sänger einen Hahnenkamm machen oder ist eine Elvis-Presley-Frisur besser? Und welche Farbe soll er bekommen? Und die Gitarristin? Haare kurz und stachelig oder lang und bunt? Frau Fritzi bekam Kopfschmerzen vom Nachdenken. Ihre beiden Kinder, Franzi und Fritzchen machten sich Sorgen. „Mama, wie können wir dir helfen?" Da hatte Frau Fritzi eine Idee. Sie holte Papier und Stifte, malte kahle Köpfe darauf und sagte zu ihren Kindern: „Malt die verrücktesten Frisuren, die ihr euch vorstellen könnt."

Könnt ihr Frau Fritzi helfen? Bitte malt die verrücktesten Frisuren in den verrücktesten Farben.

→ *Die Kinder malen Frisuren auf die Vorlagen mit den haarlosen Köpfen.*

Franzi und Fritzchen malten eifrig die verrücktesten Frisuren. Als die Band „Crazy Hair" in den Friseursalon kam, stand Frau Fritzi schon bereit mit Schere und Haarfärbemittel. Sie schnitt und färbte wie eine Wilde und als die Band den Salon verließ, hatten alle Bandmitglieder so verrücktes Haar, dass sie am nächsten Tag in allen Zeitschriften standen. All ihre Konzerte wurden ausverkauft, denn jeder wollte die verrückten Frisuren sehen und zu der tollen Musik tanzen.

Die geheime Schatzkarte

 Inhalt: Beim Frühjahrsputz findet Kapitän Jolle eine geheime Schatzkarte. Ein Zufall hilft ihm, der Karte das Geheimnis zu entlocken.

 Requisiten: Weißes Papier, weiße Wachsmalkreiden, Wasserfarben

 **Methode:** Am Ende der Geschichte malen die Kinder mit den weißen Wachsmalern eine Schatzkarte auf weißes Papier. Diese ist erst einmal unsichtbar. Dann werden die Schatzkarten sichtbar gemacht mit Wasserfarben. Je nach erzieherischer Absicht, können die Kinder ihren eigenen oder die Schatzkarte eines anderen Kindes sichtbar machen, indem sie mit Wasserfarben die Zeichnung übermalen.

Es ist Frühling. „Zeit für den Hausputz", dachte Kapitän Jolle und rief seine Piratenmannschaft zusammen. „Männer, es ist Zeit für den Frühjahrsputz. Schrubbt das Deck, sorgt dafür, dass das Segel gebügelt ist, putzt die Masten und die Ruder. Der Koch wird die Kombüse schrubben und die Vorratskammern fegen. Ich denke, heute Abend essen wir gebratene Ratten, nicht wahr, Piet?"

Piet, der Piratenkoch grinste und sagte: „Ay Ay, Kapitän Jolle."

Der Kapitän wollte in seiner Kapitänshütte so richtig sauber machen. Er stapelte alle Logbücher aufeinander und rollte die Landkarten und Seekarten auf. Bevor er sie in die Kartenkiste legen konnte, musste er jedoch die Kiste aufräumen. Er holte ein paar alte verstaubte Karten heraus: „Das müssen noch Karten von meinem Großvater, Kapitän Bolle sein." Eine Karte war zusammengerollt und in

ein seidenes Tuch gewickelt. „Das muss eine besonders wertvolle Karte sein", dachte Kapitän Jolle. Er öffnete die Karte, aber sie war weiß, auf ihr war nichts zu sehen. „Seltsam, seltsam", murmelte der Kapitän. „Vielleicht ist es eine geheime Karte." Er hielt die Karte gegen das Licht, aber er sah nichts. „Seltsam, seltsam", murmelte er wieder. „Ich brauch erst mal einen Kaffee", dachte er und lief zum Piratenkoch. Der hatte immer frischen Kaffee, aber keine Zeit zum Reden, denn er musste ja die Vorratskammern fegen.

So setzte sich Kapitän Jolle mit dem Kaffee vor die leere Karte und dachte nach. Er dachte ganz tief nach. Und er dachte und überlegte und rieb sich das Kinn, raufte sich die Haare und dachte weiter ...

„Käpt'n Jolle! Käpt'n Jolle!" Laut rufend kam einer der Schiffsjungen hereingestürzt. Der Kapitän erschrak so sehr, dass er seine Tasse Kaffee umstieß. Das braune Nass verteilte sich auf der leeren Landkarte. Fluchend drehte Kapitän Jolle sich zum Schiffsjungen um. „Was zum Piratendrummel ist hier los, dass du mich so erschrecken musst?!"

„Land in Sicht! Kapitän Jolle!"

„Ich komme. Ich muss nur eben diese Karte wegräumen – aber, beim Klabautermann, was ist das?" Kapitän Jolle traute seinen Augen nicht. Auf dem Stück Papier war plötzlich eine Schatzkarte zu sehen!

Er trocknete die Karte vorsichtig.

An Deck sah er, dass sie noch mindestens 50 Seemeilen vom nächsten Ufer entfernt waren. „Zum Piratendrummel, ihr wollt nur nicht mehr putzen, ihr Faulenzer! Los, macht weiter. Und wenn ihr fertig seid, geht es auf Schatzsuche!", rief er seiner Truppe zu.

Mit einem blitzsauberen Piratenschiff machten sich Kapitän Jolle und seine Mannschaft auf zur Schatzinsel. Und tatsächlich fanden sie mit Hilfe der Schatzkarte eine Kiste voll Gold und Schmuck. Die brachten sie ihren Frauen mit, die zu Hause auf sie warteten.

Welch eine Freude war das, als die Piraten mit der Schatzkiste heimkehrten! Alle zusammen feierten sie ein großes Fest mit Musik und Tanz.

→ *Jedes Kind malt eine geheime Schatzkarten mit weißen Wachsmalkreiden auf weißem Papier. Anschließend kann es die Karte mit bunten Wasserfarben sichtbar machen. Diese Aufgabe kann auch ein anderes Kind übernehmen.*

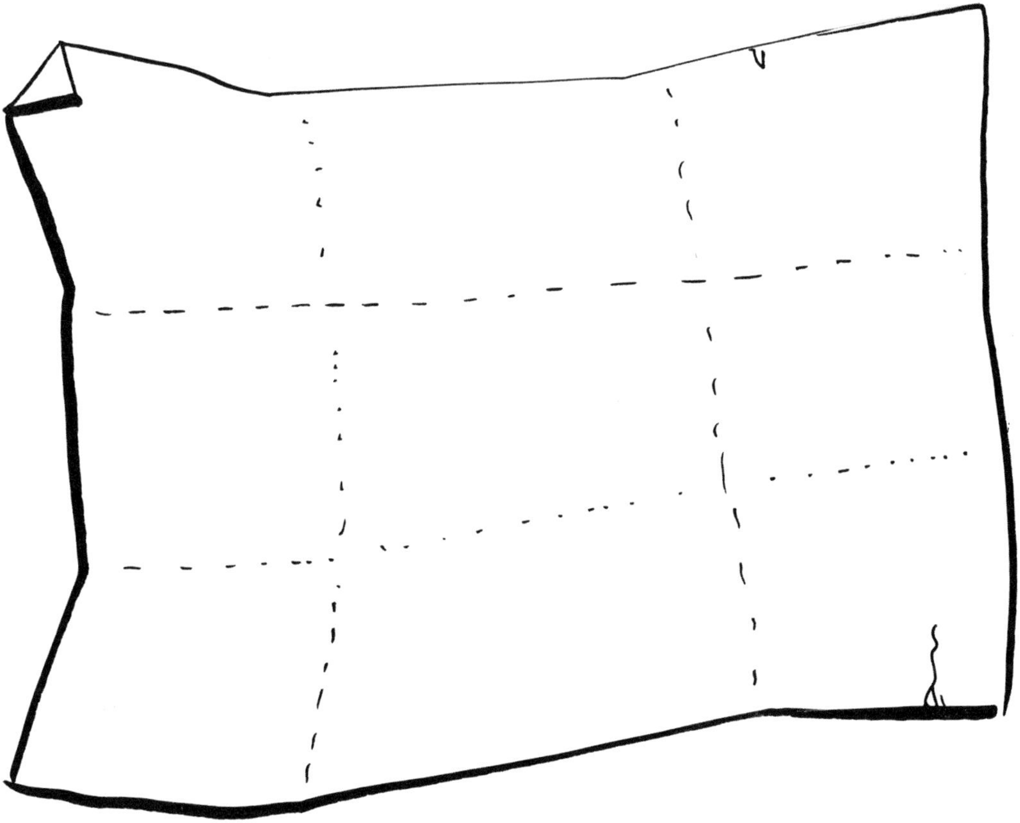

Hansi Hasenfuß

Inhalt: Ein Künstler hat keine Inspiration, geht auf die Straße und findet in den Geräuschen dort Inspiration. Er malt Geräusche und im zweiten Teil malt er Geschmäcker.

Requisiten: Jedes Kind bekommt zwei große Blätter Papier und Farbe und verschiedene Pinsel. Für den zweiten Teil kann man Zitronen, Möhren, Bananen und Schokoladenkuchen schmecken lassen. Andere Lebensmittel sind auch möglich.

Methode: Die Geschichte kann in zwei Teile aufgeteilt werden. Am Ende des ersten Teils malen die Kinder, wie beschrieben die Geräusche. Dann dürfen sie selber noch Geräusche und passende Farben und Formen erfinden. Im zweiten Teil geht es um das gleiche Prinzip, aber nun mit dem Geschmackssinn, also darum, den Geschmack und das Gefühl im Mund zu malen, nicht die Möhre, Zitrone oder Banane.

Hansi Hasenfuß hatte ein Problem. Nicht einfach ein kleines Problem, nein, ein riesiges Problem. Hansi war Künstler, aber er hatte keine Ideen mehr für seine Kunst. Er ging in sein Atelier, so heißt der Raum, in dem Künstler malen zeichnen, schnitzen und ihre Kunstwerke entstehen lassen. Dort stellte er sich vor die große, weiße Leinwand. Früher brauchte er nur eine weiße Fläche zu sehen, und in seinem Kopf brausten die Ideen nur so. Aber seit ein paar Wochen war es erschreckend leer in seinem Kopf. Keine einzige Idee war da. Nicht das kleinste Fitzelchen Inspiration, wie Künstler das nennen. „Hmmm", überlegte er. „Hmmm, äääähhh", überlegte er weiter. Er räusperte sich wieder, schritt in seinem Atelier

auf und ab und stellte sich sogar auf den Kopf. Vielleicht steckten seine Ideen in seinen Füßen oder im Bauch und würden so in seinen Kopf fallen. Aber nichts half. Sein Kopf blieb leer und die Leinwand blieb weiß.

„Ich werde noch verrückt", sagte er zu sich selbst. „Ich muss hier raus. Ich kann kein Weiß mehr sehen." Er schnappte sich seine Jacke und seinen Hut (Künstler tragen immer Hüte) und ging auf die Straße auf der Suche nach Inspiration. Auf der Straße fuhr ein schwerer Bus an ihm vorbei **„Brumm Brumm"**, dann eine nervige, knatternde Mofa **„Pötpöt eeung"**, eine Fahrradklingel **„Klingeling"** und danach ein freundliches **„Hallöchen, Herr Hasenfuss"**, geträllert von der netten Frau Nachbarin. Hansi ging weiter. Am Marktplatz setzte er sich auf eine Parkbank unter einem Baum. Er schloss die Augen. Er hörte im Baum über sich einen Vogel zwitschern **„Piederdipiederdipiep"**.

Er schloss die Augen. Er stellte sich seine weiße Leinwand vor. Beim nächsten Vogelgezwitscher erschienen auf der Leinwand vor seinem Auge ein paar helle Striche. Als der Bus wieder vorbeifuhr, sah er dicke, dunkle Streifen am unteren Rand der Leinwand. Dann hörte er eine Katze fauchen. Das wurden kleine Blitze auf seinem inneren Bild. So verarbeitete er alle Geräusche vor seinem inneren Auge.

„Wenn ich von den Geräuschen, die ich gehört habe, eine Malerei machen würde. Das wäre was,", dachte er und lief schnell nach Hause.

Wie war das noch?

BRUMMM BRUMM! Der Bus. Das wurden dicke, dunkle Streifen.

⟶ *Die Kinder malen dicke dunkle Streifen.*

Pötpötpöt eeeuuungg! Das Mofa. Das wurden rote Punkte mit einem gebogenen Strich.

→ *Die Kinder malen dies.*

Klingeling! Die Fahrradklingel. Das wurden gelbe Sternchen.

Hallöchen Herr Hasenfuss! Die Nachbarin. Das wurde eine geschwungene lila Linie.

Pieperdepieppiep! Das Vogelgezwitscher. Das waren gelbe kurze Streifen.

Dann machte der das Fenster auf, um noch mehr Geräusche malen zu können.

Was denkt ihr hört Hansi jetzt? Findet ihr auch passende Farben und Formen zu den Geräuschen?

→ *Die Kinder malen auf diese Art und Weise ein abstraktes Geräuschebild.*

Auch am nächsten Morgen fehlten Hansi gute Ideen für ein neues Bild. Aber mit leerem Magen ist es auch schwierig. Er musste frühstücken und schaute in seinen Kühlschrank. Dort lagen eine Zitrone und ein kleines Restchen Schokoladenkuchen und eine Möhre. „Da hab ich wohl vergessen einzukaufen", ärgerte sich Hansi Hasenfuss. In seiner Manteltasche fand er noch eine Banane.

Hungrig setzte er sich an den Tisch und aß als erstes die Zitrone. Er biss hinein und – ui –, wie war sie sauer! Er kniff seine Augen zusammen. Vor seinem inneren Auge erschienen grellgelbe Blitze und Zickzacklinien. „Dann erst mal die Banane essen", dachte er. Die ist lecker, süß und weich. Das sind eher runde, dicke Linien oder Punkte. Vielleicht orangefarben, überlegte er.

Danach aß Hansi die Möhre. „Knack", ganz schön hart, im Gegensatz zu der Banane. Welche Farbe und welche Form hat der Geschmack der Möhre? Habt ihr eine Idee?

Und der Schokoladenkuchen?

Nach seinem Frühstück stellte sich Hansi an seine Leinwand und fing an, diese Geschmäcker zu malen.

Zuerst die Zitrone – grellgelbe Blitze und Zickzacklinien,

dann die Banane – orangene Punkte und runde Linien

dann die Möhre und den Schokoladenkuchen.

Am Ende des Tages war Hansi sehr zufrieden mit seinem Kunstwerk. Als der Museumsdirektor zu Besuch kam, staunte er nicht schlecht über die neuen Werke von Hansi Hasenfuß. Nur verstand er nicht, warum er auf einmal Lust bekam auf Schokoladenkuchen und Zitrone. Aber das blieb Hansis Geheimnis.

Bodypainting

Inhalt: Laura malt Socken auf ihre Füße und ihre Mutter erzählt von Kriegs- und Hennabemalungen in anderen Kulturen.

Requisiten: Vaseline und Schminkutensilien. Evtl. Fotos von Indianern mit Kriegsbemalung und von mit Henna bemalten Händen.

Methode: Die Geschichte wird an einer Stelle unterbrochen. Die Kinder malen dann Socken an die Füße. Am Ende dürfen die Kinder wählen, ob sie Kriegsbemalung wollen (einfacher) oder Henna an ihre Hände. Einfacher ist es, die Kinder einander schminken zu lassen.

Heute Nachmittag hat Laura etwas gesehen, was sie sehr gewundert hat. Vor einem Kaufhaus in der Stadt stand eine Frau. Es sah aus, als ob sie eine eng anliegende Bluse und eine hauteng Jeans trug, aber als Laura sie von der Nähe betrachtete, sah sie, dass die Frau keine Kleider anhatte, sondern die Bluse und die Jeans auf ihre Haut gemalt waren! Eigentlich war die Frau nackig!
Abends wollte sie Papa noch eine gute Nacht wünschen und huschte ohne Hausschuhe und Socken ins Wohnzimmer. „Auf nackten Füßen? Nein, mein Kind, das geht nicht. Schnell, zieh dir etwas an die Füße, erst dann sage ich dir gute Nacht," sagte Papa.

Aber Laura hatte keine Lust auf Hausschuhe oder Socken. Sie holte ihren Schminkkoffer und malte an ihre Füße ein Paar Socken, rosa mit roten Herzchen. Solche wollte sie immer schon mal haben.

Mit gemalten Socken lief sie wieder in das Wohnzimmer. Papa telefonierte gerade und sah nicht, dass ihre Socken nicht echt waren. Er gab Laura einen Gute-Nacht-Kuss und sagte: „Braves Mädchen!"

→ *Die Kinder malen sich selbst oder gegenseitig mit Schminke Socken an die Füße.*

Als ihre Mutter Laura am nächsten Morgen weckte, war diese sehr erstaunt über die rosafarbenen Flecken im Bett und an Lauras Füßen. Da erzählte Laura von der Frau in der Stadt und wie sie Papa reingelegt hatte mit den falschen Socken. „Du bist mir eine Schlawinerin, Laura", sagte Mama und sie steckten gemeinsam das Bettzeug in die Waschmaschine. „Weißt du, wie man das nennt, wenn man auf den Körper malt? Bodypainting. Das gibt es schon seit Jahrhunderten und manche Kulturen bemalen auch heute noch ihre Körper: Als Kriegsbemalung, wie bei den Indianern, oder als Schönheitszeichen, wie bei den Frauen in Indien, die mit Henna ihre Hände und Füße bemalen. Ich zeig dir dazu ein paar Fotos."

Markus, Lauras Bruder, hatte zugehört und rief sofort: „Ich will Indianer sein mit Kriegsbemalung!"

„Und ich will Henna auf meine Hände!", rief Laura. Sie schmierten sich ordentlich mit fettiger Creme ein, und dann ging es los.

→ *Die Kinder bemalen Hände oder Oberkörper.*

Das Porträt des Königs

 Inhalt: Ein König lernt, dass Linkshänder nicht schlechter sind als Rechtshänder.

 Requisiten: zwei Blätter Papier und Stifte für jedes Kind

 Methode: Die Kinder malen an zwei Stellen der Geschichte ein Bild des Königs. Einmal mit der richtigen Hand, einmal mit der ‚falschen' Hand.

„Links ist link und rechts ist recht.
Wer's nicht glaubt, der wird mein Knecht."

Das war das Motto des Königs des Rechten Reiches. Sein Schloss lag auf der rechten Seite des Flusses. Der Eingang zum Schloss lag auf der rechten Seite und sein Thron stand an der rechten Wand des Thronsaals. Geschenke seines Volkes nahm er nur an, wenn sie ihm von der rechten Seite aus angeboten wurden. Wenn ihn einer fragte, warum dies so ist, sagte er:

„Links ist link und rechts ist recht.
Wer's nicht glaubt, der wird mein Knecht."

Er war ein mächtiger, großer Mann mit weißem Haar und einem langen, weißen Bart. Seine rote Knollnase zeigte ein wenig schief zur rechten Seite. Seine Krone war auf der rechten Seite aus purem Gold, auf der linken jedoch aus Silber. In der rechten Hand trug er sein Zepter, während die linke nutzlos auf seinem linken Oberschenkel lag.

Wer mit der linken Hand auf den König zeigte oder ihn mit der linken Hand berührte, wurde sofort verhaftet und musste als Knecht für ihn schuften.

„Links ist link und rechts ist recht.
Wer's nicht glaubt, der wird mein Knecht."

Jedes Jahr im Sommer bestellte er den besten Maler zu sich auf das Schloss, um sich porträtieren zu lassen.

Malt nun ein Porträt des Königs.

➜ *Die Kinder malen ein Bild von dem König.*

Der König bekam viele Geschenke. Schöne Vasen und Gläser oder auch guten Wein. Im Frühling dieses besonderen Jahres wurde dem König eine Malerei geschenkt. Das Bild war besonders gut gemalt. Das Motiv war eine wunderschöne Frau. Der Künstler hatte es geschafft, die Frau lebendig wirken zu lassen. Der König war entzückt. Er ließ seine Boten nach dem begnadeten Künstler suchen. Er wollte ihn als seinen diesjährigen Porträtmaler an seinen Hof holen.

Bereits nach drei Wochen kamen sie mit einem jungen Mann zurück. Der König versprach ihm ein sorgenfreies Leben, wenn er es schaffe, ihn genauso lebendig und schön wie die Dame auf dem Bild zu malen.

Der junge Künstler versprach, sein Bestes zu geben und baute seine Staffelei auf, stellte eine Leinwand darauf und bereitete seine Palette vor.

Der König setzte eine mächtige Mine auf und gab das Zeichen, dass er bereit sei.

Der Künstler nahm den Pinsel in die linke Hand und fing an zu malen. Als der König dies sah, schaute er den Maler böse an und rief:

„Links ist link und rechts ist recht.
Wer's nicht glaubt, der wird mein Knecht.

Wenn du nicht sofort den Pinsel in die rechte Hand nimmst, wirst du ab morgen meinen Stall ausmisten! Hast du mich verstanden?"

„Aber Herr König, verstehen Sie doch bitte. Ich bin Linkshänder. Meine rechte Hand ist zu nichts zu gebrauchen. Bitte lassen Sie mich mit der linken Hand malen."

„Links ist link und rechts ist recht.
Wer's nicht glaubt, der wird mein Knecht.

Mach wie ich es befehle, sonst säuberst du ab morgen das königliche Klo."

Der Künstler gab auf, nahm den Pinsel in die rechte Hand und fing an zu malen.

Könnt ihr euch vorstellen, wie dieses Porträt geworden ist? Probiert es selber aus und nehmt den Stift in die „falsche" Hand. Bei den meisten von euch wird es die linke Hand sein. Dann malt ihr noch einmal ein Bild vom König.

→ *Die Kinder malen mit der ‚falschen' Hand ein Bild vom König.*

Seht ihr den Unterschied zwischen dem ersten Bild und dem zweiten? Für den Künstler war es genauso schwer. Das Bild sah lange nicht so schön aus wie das mit der Dame. Es war kritzelig gemalt und sah ganz und gar nicht aus wie der König.

Der König tobte, als er das Bild sah. „Das ist eine Beleidigung!", rief er erbost. „Sie sind nicht der Künstler des Bildes der Dame! Sie haben mich belogen! Ich lasse Sie einsperren, Sie Scharlatan!"

„Aber, Eure Hoheit, ich bin wirklich der Künstler des Bildes. Ich habe es mit meiner linken Hand gemalt", sagte der Maler. „Geben Sie mir bitte eine Chance und lassen Sie mich noch einmal malen."

„Links ist link und rechts ist recht.
Wer's nicht glaubt, der wird mein Knecht.

Niemand kann mit der linken Hand ein solches Kunstwerk malen. Das ist unmöglich. Daher sind Sie der Lüge überführt und landen bei den anderen Verbrechern im Kerker. Dort werden Sie für Ihre Lügen bei Wasser und Brot büßen."

So landete der Maler im dunklen Verlies des Schlosses. Nach einigen Monaten bat er einen Wächter um eine Leinwand, Farben und Pinsel und er bekam sie.

Er porträtierte seine Mitgefangenen und ließ die Bilder dem König anonym übergeben. Dieser bestaunte wieder die perfekte Pinselführung und die Lebendigkeit der Gesichter. Die Gesichter kamen ihm bekannt vor, aber er wusste nicht woher. Wieder ließ er seine Boten nach dem Künstler suchen. Bereits nach einer halben Stunde kamen sie mit dem Gefangenen zurück.

„Schämen Sie sich nicht?", rief der König. „Sie waren im Kerker eingesperrt! Sie können diese Bilder nicht gemalt haben. Glauben Sie denn, ich sei völlig bekloppt?"

„Ich kann beweisen, dass ich die Bilder gemalt habe", sagte der Maler mit ruhiger Stimme. „Erkennen Sie die Menschen, die ich gemalt habe? Es sind Piet und Jockel, mit denen ich im Verlies eingesperrt war. Einer der Wachen hat mir Leinwand, Farben und Pinsel gebracht. Es war kein anderer dort, außer uns dreien. Da ich als einziger nicht auf den Bildern abgebildet bin, muss ich der Maler sein."

„Hmmm", brummte der König und rieb sich das Kinn. Eine Weile saß er schweigend auf dem Thron und kratzte sich am Kopf, rieb sich das Kinn und wippte mit dem Fuß.

„Sie haben mich überzeugt. Sie sind ein begnadeter Künstler. Bitte porträtieren Sie mich. Ich werde Sie mit der Freiheit und tausend Goldstücken belohnen", sagte der König schließlich.

„Mit der linken Hand?", fragte der Künstler ungläubig.

„Mit der linken Hand", antwortete der König.

„Links ist links und rechts ist rechts,

es gibt nur Gutes und nichts Schlechts."

So malte der Künstler mit der linken Hand das schönste Porträt, dass jemals von einem König gemalt wurde. Es war so fein gemalt und wirkte so lebendig, dass Menschen noch Jahre später staunend vor dem Bild standen.

Der Künstler verließ das Schloss und baute sich von dem Geld ein eigenes Atelier, wo alle reichen Kaufleute, Grafen und Herzoge sich von ihm malen ließen und viel Geld dafür bezahlten.

Und der König? Er ließ sich eine neue Krone fertigen, die ganz aus purem Gold war, ließ einen zweiten Eingang an der linken Seite des Schlosses bauen und eine Sommerresidenz auf die linke Seite des Flusses. Sein neues Motto lautete:

„Links ist links und rechts ist rechts,
es gibt nur Gutes und nichts Schlechts."

Geschichten zum Basteln und mehr

Cocos Traum

 **Inhalt:** Coco träumt davon, Modedesignerin zu werden. Sie schneidet Stoffe und klebt sie auf, und die Vorlagen beginnen zu leben und posieren auf dem Laufsteg.

 Requisiten: Verschiedene Stoffe, Scheren, Kleber, Vorlagen von Modellen

 Methode: Die Geschichte wird einmal unterbrochen zum Bekleben der Vorlagen. Am Ende wird ein Laufsteg gemalt und die Vorlagen werden ausgeschnitten und auf den Laufsteg geklebt.

Coco hatte sich gerade mal wieder mit Mama wegen ihrer Kleidung gestritten. Sie wollte den pinkfarbenen Rock anziehen und den lila Pullover. Dazu die Leggins mit den rosa Blümchen, aber Mama wollte ihr lieber die praktische Hose für den Sandkasten anziehen.

Coco war wütend und schmollte. Sie legte sich auf ihr kuscheliges Bett und schlief noch mal ein. Dabei hatte sie einen Traum. In diesem Traum war sie Modedesignerin. Wisst ihr was Modedesigner machen? Sie entwerfen Kleider für Modenschauen. In ihrem Traum schnitt Coco verschiedene Stoffe zurecht und klebte sie auf ihre Modellvorlagen. So entstanden kurze Röcke und lange Kleider in den schönsten Farben und Formen.

→ *Die Kinder schneiden verschiedene Formen aus und kleben die Stoffe auf die Vorlagen.*

Aber Cocos Traum ging weiter. Auf einmal war da ein Laufsteg und ihre Papiermodelle liefen galant auf ihm auf und ab. Das Publikum war begeistert und applaudierte immer wieder.

→ *Ein paar Kinder malen den Laufsteg. Und die Modelle werden ausgeschnitten und aufgeklebt.*

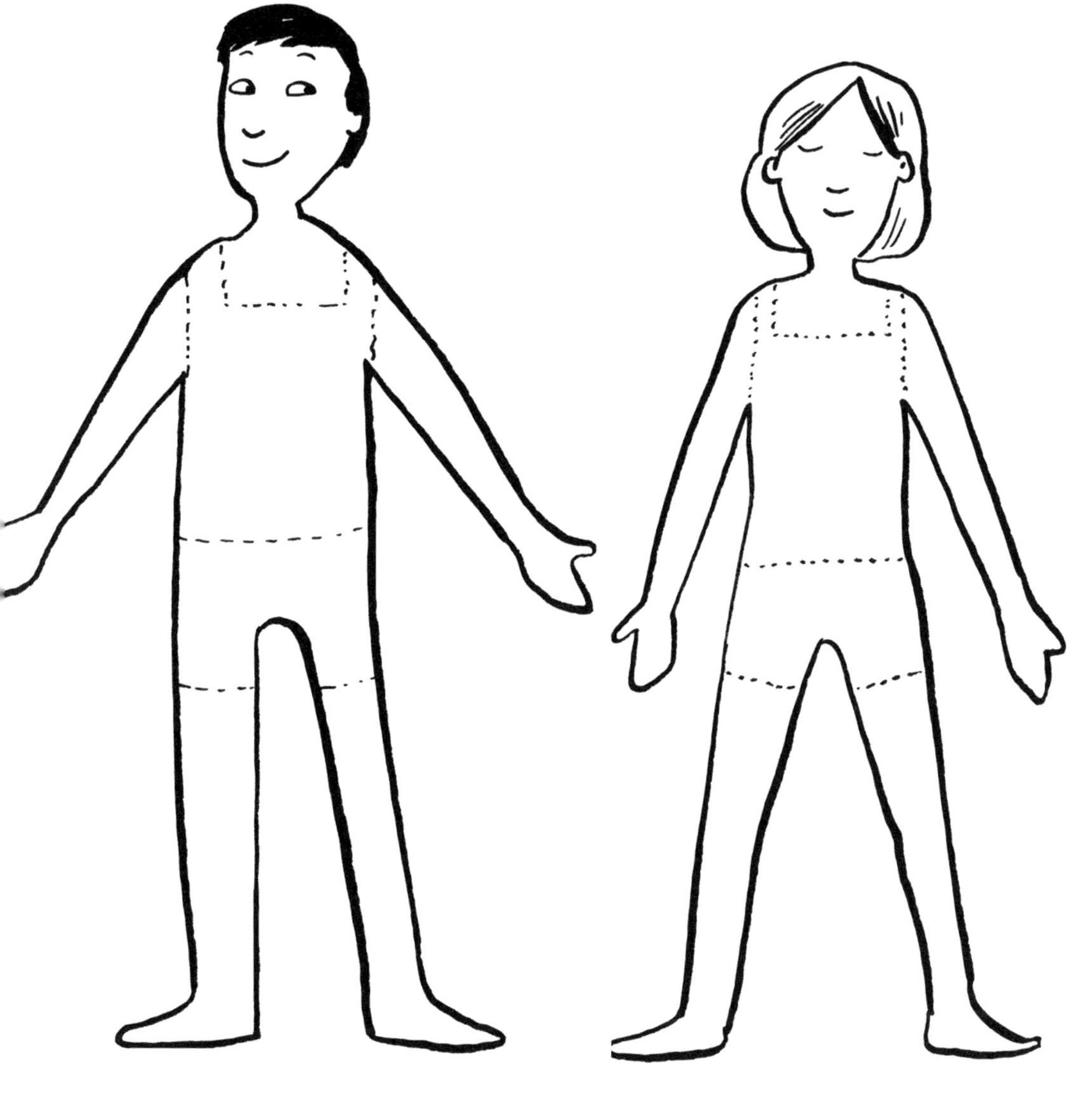

Die Fantasiewerkstatt von Ferdi Funke

 Inhalt: Peter trifft einen Erfinder, der Fantasiewerkzeuge macht.

 Requisiten: verschiedene Sachen zum Zusammenkleben, wie zum Beispiel Deckel, Dosen, Becher, Karton, Bierdeckel, (Kron) Korken und Holzbretter, Nägel, Fäden und Nieten

 Methode: am Ende der Geschichte basteln die Kinder Fantasiewerkzeuge. Sie brauchen keinen Sinn oder Zweck zu erfüllen. Größere Kinder können auch einen Namen für ihre Erfindung suchen.

„Fantasiewerkstatt Funke" stand auf dem Schild über dem Eingang einer Hinterhofhütte. Als Peter klopfte, öffnete ihm ein älterer Mann mit rauen Strubbelhaaren, einer fleckigen Latzhose und einem verschmierten Hemd darunter.

„Ich hoffe, du bist ein Kunde", begrüßte der Mann Peter. „Häh? Nein, ich bin neugierig", sagte Peter und lugte an dem Mann vorbei in die Hütte. Er sah ein heilloses Chaos von Materialen und Werkzeugen.

„Dann komm herein. Mein Name ist Ferdi Funke, Erfinder. Ich arbeite gerade an einem Brammeldingel", sagte der Mann. „Ein Brammeldingel? Was ist das denn?", fragte Peter.

„Das weiß ich auch nicht. Aber wenn einer ein Brammeldingel braucht, kann er es bei mir kaufen", erklärte Ferdi. Peter sah ein zusammengeklebtes Durcheinander von Deckeln, Kronkorken, Brettern und Nägeln.

„Schau hier. Das ist meine Sammlung von Erfindungen. Hier steht ein Dreiecks-Mastimonium, dort ein rundes Klantikorfel und hier hängt ein Zwinkelstrembel", erklärte Ferdi und zeigte auf verschiedene zusammengebastelte Haufen, deren Zweck Peter nicht kannte. Ferdi hatte zum Beispiel einen Kronkorken an ein Brett genagelt, an welches er wiederum mit einem Nagel eine Plastikdose befestigt hatte.

„Ich könnte deine Hilfe gut gebrauchen", sagte Ferdi. „Hast du Ideen für neue Erfindungen?"

„Ja, bestimmt", sagte Peter und dachte darüber nach, was er selbst erfinden könnte.

→ *Die Kinder basteln die genannten Erfindungen und / oder Fantasieerfindungen und denken sich Namen dafür aus.*

Ein Bild für Frau Moll

 Inhalt: Moritz bringt seiner blinden Nachbarin Kuchen, spielt dort ein Tast-Hör-Schmeck-Spiel und bastelt ein Tastbild.

 Requisiten: Walnüsse, Äpfel und andere kleine Gegenstände, die die Kinder blind ertasten müssen. Papier, Kleber, Schere, Wellpappe, verschiedene Stoffarten, Wolle, Zahnstocher oder ähnliche Sachen mit denen die Kinder ein Tastbild basteln können.

 Methode: Die Geschichte wird zweimal unterbrochen. Beim ersten Mal ertasten die Kinder, ähnlich wie Moritz, kleine Gegenstände (Walnüsse, Apfel und ähnliches) und raten, was es ist. Beim zweiten Mal basteln die Kinder Tastbilder. Das können abstrakte Bilder werden oder gegenständliche. Man kann zum Beispiel die Konturen eines Hauses mit Zahnstochern oder Wollfäden kleben. Man kann auch das Dach mit Wellpappe und den Rest des Hauses mit anderem Material kleben. Die Kinder werden dabei animiert, zu tasten, wie sich ihr Bild anfühlt.

Am Ende können die Kinder gegenseitig ihre Bilder blind ertasten und erzählen, was sie ertasten.

Am Samstag backt Moritz immer Kuchen zusammen mit seiner Mama. Zum Kaffee gibt es dann den frischen Kuchen mit warmem Kakao. „Ach, lieber Moritz", sagte Mama eines Tages. „Sei so gut und bringe unserer Nachbarin, Frau Moll, ein Stück von dem leckeren Kuchen. Sie freut sich bestimmt darüber."

Moritz lief mit einem Teller Kuchen zur Nachbarin. Frau Moll öffnete die Tür und fragte: „Wer ist da?" Frau Moll war nämlich blind.

„Moritz ist hier mit einem Stückchen Kuchen. Schöne Grüße von meiner Mama", sagte Moritz freundlich. „Ach, komm doch herein, Moritz. Wie lieb von dir! Komm rein!", freute sich Frau Moll. Sie strich ihm sanft über den Kopf.

Drinnen setzte Moritz sich an den Tisch. Frau Moll fragte: „Was möchtest du trinken? Apfelsaft?" „Ja, gerne", antwortete Moritz.

Während er Apfelsaft trank und Frau Moll den Kuchen aß, sah Moritz sich im Wohnzimmer von Frau Moll um. Es hingen keine Bilder an der Wand, dadurch wirkte das Zimmer traurig. „Warum hast du keine Bilder an den Wänden, Frau Moll?", fragte er. „Warum soll ich Bilder aufhängen? Ich kann sie ja nicht sehen!", erklärte Frau Moll. Moritz verstand das. „Es ist bestimmt schwierig, wenn man nicht sehen kann", sagte er. „Ich finde es nicht schlimm", sagte Frau Moll. „Ich sehe mit meinen Händen, meiner Nase und meinen Ohren. Warte, ich zeig es dir," sagte sie und verschwand in der Küche. „Mach die Augen fest zu," sagte sie.

Dann kam sie wieder in das Wohnzimmer. Sie suchte Moritz' Hand und legte etwas in sie hinein. „Halte die Augen geschlossen. Was ist das in deiner Hand?", fragte Frau Moll.

„Es ist leicht und hart. Es hat eine harte Schale. Die Schale ist nicht glatt, sondern wellig. An der einen Seite ist sie spitz … Was kann das sein?", fragte Moritz sich. „Kannst du auch etwas hören?", half Frau Moll.

Moritz schüttelte das Ding nah bei seinem Ohr. Er hörte, und fühlte, dass etwas in der Schale leise hin und her klackerte. Eine Nuss?, überlegte er.

„Kannst du auch etwas riechen?", fragte Frau Moll.

Es roch nicht sehr stark, aber Moritz wusste was es ist ...

→ *Wisst ihr auch was es ist?*

„Eine Walnuss!", rief Moritz. „Gut gemacht", lobte Frau Moll. „Willst du noch mehr raten?"

„Ja, das macht Spaß!", sagte Moritz und kniff seine Augen wieder zu. Frau Moll gab ihm etwas anderes. Es war schwerer, größer und glatt. Aus einer Vertiefung kam ein holziger Stängel und es roch ... fruchtig. „Ich weiß es!", rief Moritz.

→ *Wisst ihr es auch?*

„Ein Apfel!"

So ging es noch weiter, bis es draußen dunkel wurde und Moritz nach Hause musste.

Die Kinder ertasten, riechen, schmecken, hören verschiedene Gegenstände mit verbundenen Augen.

„Dir hat es wohl so richtig Spaß gemacht bei Frau Moll. Du strahlst ja richtig!", sagte Mama als Moritz heimkam."

Moritz wollte sich gerne bei Frau Moll bedanken für den schönen Nachmittag. Sonst malte er immer Bilder als Dankeschön, aber das geht ja bei Frau Moll nicht, oder?

Als Moritz am nächsten Morgen wach wurde, hatte er eine Idee. Er würde kein Sehbild, sondern ein Tastbild für Frau Moll machen, also ein Bild, das man ertasten kann. Er suchte überall im Haus und fand Wellpappe, verschiedene Sorten Stoff, Zahnstocher, Kleber und Schere. Dann begann er zu schneiden und zu kleben. Immer wieder fühlte er selber mit geschlossenen Augen über das Bild.

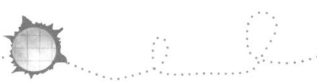

→ *Die Kinder basteln Tastbilder.*

Als er damit fertig war, zeigte er das Bild erst seiner Mama. „Das hast du ganz toll gemacht, Moritz. Das ist eine klasse Idee von dir!", lobte Mama ihn.

Dann lief er mit dem Bild zu Frau Moll. Die war natürlich sehr überrascht, dass Moritz schon wieder vor ihrer Tür stand. „Habt ihr schon wieder Kuchen gebacken?", fragte sie erstaunt.

„Nein, noch viel besser!", sagte Moritz. „Ich habe ein Bild für dich."

„Das ist aber lieb von dir. Erzähl mir mal, was du gemalt hast. Ich kann es ja nicht sehen."

„Nein, es ist kein Sehbild, sondern ein Tastbild, Frau Moll. Ich lege es auf den Tisch und dann kannst du selbst fühlen, was es ist."

Frau Moll tastete vorsichtig über das Bild. Jedes Detail wurde ertastet. „Wie schön, wie wunderschön das Bild ist. Vielen Dank, Moritz. Das ist ein tolles Geschenk! Jetzt hab ich endlich auch ein Bild. Ich werde es dort aufhängen, wo jeder es sehen oder fühlen kann. Komm her, ich muss dir erst mal einen dicken Kuss geben. Ich freu mich so sehr!" Moritz umarmte Frau Moll und bekam einen dicken Schmatzer auf die Wange.

Als er in den nächsten Tagen aus dem Fenster zum Haus von Frau Moll schaute, sah er immer wieder Leute mit weißen Stöcken bei Frau Moll zu Besuch.

Sie lud all ihre blinden Freunde ein, um ihnen ihr neues Tastbild zu zeigen.

„Wenn ich groß bin, werde ich Tastbildkünstler für ein Museum für Blinde", beschloss Moritz.

Moritz, der Tastbildkünstler

Inhalt: Fortsetzung der vorhergehenden Geschichte. Moritz wird Tastbildkünstler.

Requisiten: Verschiedene Materialien, mit denen man dreidimensionale Werke machen kann: Ton, Steine, Holz, Kartons, Dosen, Plastikbecher, Korken, Kronkorken, Draht, Wolle, Stoffe, Papier, Luftballons, Murmeln, Bastelkleber, Hammer, Nägel, Nieten

Methode: Am Ende der Geschichte basteln die Kinder dreidimensionaleTastbilder und ertasten sie mit geschlossenen Augen.

Moritz hatte seinen Entschluss als junger Bursche ernst genommen: Er wollte Tastbildkünstler werden. Als er erwachsen wurde, ging er bei verschiedenen Künstlern in die Lehre: Er hämmerte und leimte, nietete und töpferte, schraubte, nähte und knotete. Doch alle Künstler gaben ihm einen Tipp mit auf den Weg: „Deine Kunstwerke sind heilig. Niemand außer dir darf sie anfassen." Damit war er gar nicht einverstanden und erzählte von seinem Plan, Tastbilder zu machen. Die Künstler schüttelten nur mit dem Kopf.

Als er genug bei anderen gelernt hatte, begann er selbst Kunstwerke zu machen. Keine Bilder, sondern Kunstwerke, um die man herum laufen konnte und die man von allen Seiten anfassen durfte. Er machte zum Beispiel Skulpturen aus Ton oder Stein. Aber er machte auch Skulpturen aus Dosen und Deckeln, die er mit Papier oder Stoff beklebte. Immer wieder schloss er die Augen, um seine Werke zu ertasten. Erst, wenn sie sich interessant genug anfühlten, war er zufrieden.

Seine besten Skulpturen und Werke bot er verschiedenen Museen an. Viele Menschen waren begeistert von seiner Kunst. Doch als er erklärte, dass seine Kunstwerke zum Anfassen da sind, erklärten ihn die Museumsdirektoren für verrückt. Nein, so etwas hatten sie noch nie gehört. Das geht nicht. Wo kommen wir denn hin, wenn man die Kunst jetzt auch noch anfassen darf?

„Was mache ich bloß?", überlegte Moritz. Er rief kurzerhand bei Frau Moll an. Vielleicht hatte sie ja eine Idee. Frau Moll freute sich über den Anruf und hörte dem traurig klingenden Moritz zu. Am Ende sagte sie: „Mach dir keine Sorgen Moritz. Ich rufe dich morgen an."

Am nächsten Tag klingelte das Telefon und Frau Moll erzählte, dass sie gestern ein interessantes Telefonat mit dem Direktor des Museums der Stadt hatte. Er sei sehr interessiert an seiner Kunst. Er wolle eine Ausstellung zum Thema Sehen und Blindheit machen und da seien seine Tastbilder mehr als geeignet. „Frau Moll, Sie sind die größte!", freute sich Moritz.

Ein paar Wochen später wurde die Ausstellung eröffnet und viele Leute kamen. Sie waren erstaunt, dass sie die Kunstwerke anfassen durften. Sie waren begeistert und so manches Kunstwerk wurde sogar verkauft.

Frau Moll hatte alle blinden und sehenden Freunde eingeladen und erzählte aufgeregt, dass sie das erste Werk des großen Künstlers in ihrem Wohnzimmer hängen hat.

Knut Knete

Inhalt: Ein Knetball ist unzufrieden und wird in verschiedene Formen und Figuren geknetet.

Requisiten: Für jedes Kind eine tischtennisballgroße Kugel Knete, Buntstifte

Methode: Die Kinder kneten zusammen die verschiedenen Formen. Am Ende kneten sie ein Geschenk, entweder dasselbe wie in der Geschichte oder eines für ein anderes Kind.

Knut Knete war ein Knetball, kugelrund und etwa so groß wie ein Tischtennisball. Er war ein guter Ball, denn wenn Jennifer mit ihm rollte, rollte er rund, wie es sich gehörte. Manchmal landete er unter ihrem Bett und dann klebten Fussel an ihm. Eines Tages, hatte er es satt. „Ich will nicht mehr kugelrund sein. Ich will genauso sein, wie ein Würfel." Da kam Jennifer und machte aus der Kugel einen Würfel und drückte mit der Spitze eines Buntstiftes Punkte auf seine Flächen. „Danke", sagte Knut Knete. Jennifer spielte mit ihrem neuen Würfel „Mensch ärger dich nicht".

→ *Die Kinder machen aus dem Ball einen Würfel mit Punkten.*

Knut Knete war es aber bald satt, hin und her gerollt oder geworfen zu werden.

„Ich will kein Würfel mehr sein", sagte er. „Mach aus mir eine Schlange." Jennifer legte den Würfel zwischen ihre Hände und rollte ihn hin und her, bis eine dünne, lange Schlange entstand.

→ *Die Kinder rollen aus dem Würfel eine Schlange.*

Aber jetzt erschraken andere Kinder sich, denn die Schlange sah so echt aus. Das wollte Knut auch nicht. Also sagte er: „Ich will keine Schlange mehr sein. Mach aus mir eine Schnecke." Und Jennifer legte die Schlange rund und kringelte die Schlange so lange um die Schwanzspitze, bis ein Schneckenhaus mit Schnecke entstand.

→ *Die Kinder machen aus der Schlange, wie beschrieben, eine Schnecke.*

„Ach, das ist langweilig!", dachte Knut. „Mach aus mir einen Igel!" Jennifer rollte die Schnecke zu einer Kugel, formte kleine Stacheln aus dem Rest der Knete, und machte einen Igel.

→ *Die Kinder kneten einen Igel.*

Aber die Stacheln schreckten die Kinder ab, so dass keines ihn in die Hand nehmen wollte. So rief Knut wieder: „Ich will kein Igel mehr sein."

„Was willst du jetzt sein?", fragte Jennifer. Da fiel Knut Knete nichts mehr ein. Und ihr? Habt ihr Ideen?

→ *Die Kinder kneten ihre verschiedenen Ideen.*

So wurde Knut Knete in viele verschiedene Sachen verwandelt, aber er war nicht glücklich. Jennifer wusste nicht mehr, was sie noch kneten sollte. Da sagte Knut: „Ich weiß, was ich will! Ich will ein Geschenk sein! Mach aus mir etwas Schönes, was du dann an jemand anderen verschenkst. Das macht mich glücklich." Da überlegte Jennifer einen Moment. „Ich werde dich an meinen Bruder verschenken. Der mag Autos. Ich mach aus dir ein Auto."
Als Auto fühlte Knut sich glücklich, denn der Bruder von Jennifer freute sich über das nagelneue Knetauto.

→ *Die Kinder formen ein Geschenk.*

König Bertram der Bescheidene

 Inhalt: König Bertram gibt seine Krone weg, um seinem Volk zu helfen und bekommt eine gebastelte Krone zurück.

 Requisiten: Pappe (Pappkronen), Muscheln, Hosenknöpfe, Kronkorken, Walnussschalen, Knöpfe, Korken (Verzierungen für die Kronen), Bastelkleber

 **Methode:** Die Kinder basteln und verzieren Kronen mit den Materialien.

Als König Bertram noch ein junger Prinz war, wusste er eine Sache ganz genau: Wenn er so groß sein wird wie sein Vater, wird er nicht so prunken mit Gold und Silber und Diamanten. Welch ein Unsinn! Nur weil er König ist, läuft er herum mit einer goldenen Krone mit Diamanten darauf!

Prinz Bertram ging gerne im Dorf spazieren und sah, wie die Leute, also das Volk, lebten. Im Winter hatten die Kinder blaue Lippen vor Kälte und manche weinten vor Hunger. Das fand der Prinz schrecklich. „Wartet nur, bis ich König werde", dachte er.

Eines Tages war es so weit: Der König war zu alt, um weiter König zu sein und so wurde Prinz Bertram feierlich zu König Bertram gekrönt. Sein Vater setzte ihm die goldene Krone auf und die Diamanten funkelten in der Sonne. Bertrams Frau wurde Königin und bekam die Krone von Bertrams Mutter auf den Kopf. Auch diese war aus reinem Gold und wunderschön mit Diamanten verziert, die in allen Farben funkelten.

Sie winkten dem alten König und der alten Königin hinterher, als die mit einer Kutsche zu ihrem Alterssitz fuhren.

Bereits am nächsten Morgen ließ König Bertram einen Schätzer kommen. Dieser sollte den Wert der Kronen schätzen. Danach ließ er einen Händler kommen und verkaufte ihm die Kronen für viel Geld. Von diesem Geld kaufte er dicke Wolldecken, damit die Kinder nicht mehr zu frieren brauchten und viele Ziegen, Schweine, Kühe und Hühner, damit die Menschen in seinem Königreich genug zu essen hatten.

Die Menschen freuten sich riesig und bedankten sich herzlich, und täglich kamen Kinder zum Schloss, um dem König ein gemaltes Bild zu schenken oder ein Lied für ihn zu singen.

Aber die Menschen fanden es auch schade, dass der König gar keine Krone mehr hatte. Irgendwie gehört zu einem König doch auch eine Krone, dachten sie. Sie suchten in ihren Häusern nach schönen Sachen, mit denen man eine Krone verzieren könnte. Sie hatten Kronkorken, bunte Stoffe, Wallnussschalen, Hosenknöpfe, Muscheln und viele andere kleine Sachen.

Damit verzierten sie eine Krone aus Pappe für König Bertram und eine Krone für seine Frau, die Königin.

→ *Die Kinder basteln Kronen und verzieren sie.*

Als die beiden Kronen fertig waren, versammelten sich die Menschen im Schlossgarten. Der König war überrascht über den Besuch und lud alle Menschen in den Festsaal. Nach kurzer Zeit war es dort pickepacke voll. Ein paar Musikanten spielten feierliche Musik.

Unter Trommelwirbel wurden die Kronen festlich überreicht. Der König und seine Frau waren begeistert und trugen die Kronen gerne und mit Stolz. Sie funkelten zwar nicht wie Diamanten, aber sie strahlten von Liebe und das war viel, viel mehr wert als alle Diamanten zusammen.

An diesem Tag bekam König Bertram einen Beinamen. Fortan hieß er König Bertram, der Bescheidene.

Die vergessliche Nele

Förderbereich: Sprachförderung; logisches Denken; aufmerksames Zuhören

Thema und Inhalt: Lückentext. Nele wird von ihrem Vater in den Kinderarten gebracht. Wenn sie nur nicht immer so vergesslich wäre …

Methode: Mitmachgeschichte, Vorlesegeschichte. In dieser Lücken-text-Geschichte können z. B. fehlende Verben oder Substantive während des Vorlesens von den Kindern ergänzt werden. Bei jüngeren Kindern empfiehlt es sich, diese Geschichte zunächst vollständig vorzulesen, bevor die ersten Wörter weggelassen und von den Kindern ergänzt werden.

Impuls: ▶ Diese Geschichte kann beliebig verändert oder ergänzt werden, je nach Alter oder Wissensstand der Zuhörer. Durch pantomimische Gesten oder das Zeigen auf passende Gegenstände wird das Ergänzen der Wörter erleichtert. Auch entsprechende Bildkarten, Abbildungen oder Zeichnungen können dazu eingesetzt werden.

➜ *Die Erzieherin beginnt: „Das Wörterfresserchen, ein putziges, kleines Kerl-chen mit dickem Bauch und kurzen Beinchen, hat sich über meine Geschich-te hergemacht und viele der Wörter darin gegessen. Aber wenn wir zusam-menhelfen, dann finden wir die fehlenden Wörter sicherlich alle heraus!"*

Es ist noch recht früh am Morgen, und Nele liegt schlafend in ihrem kuscheligen, warmen **(Bett)**. Ihre Mutter kommt in das Zimmer und zieht die Vorhänge am **(Fenster)** auf. Die ersten Sonnenstrahlen des Tages erhellen den Raum, und Nele öffnet, noch leicht verschlafen, ihre **(Augen)**.

„Nele, aufstehen, mein Schatz, wir müssen uns beeilen, sonst kommst du zu spät in den **(Kindergarten)**.“

Nele streckt sich noch einmal kräftig und steht dann auf. Sie geht in das Badezimmer und putzt sich die **(Zähne)**, wäscht sich das **(Gesicht)** und zieht ihre Kleidung an. In der Küche hat ihre Mutter bereits das **(Frühstück)** zubereitet. Neles Papa sitzt schon am **(Tisch)** und trinkt eine Tasse schwarzen **(Kaffee)**, denn er mag keine Milch und keinen **(Zucker)**. Als Nele in die Küche kommt, ist ihr noch kalt an den Füßen. Sie schaut an sich hinunter und bemerkt, dass sie noch keine Strümpfe und keine **(Schuhe)** angezogen hat. Schnell geht sie zurück in ihr **(Zimmer)** und zieht die fehlenden Sachen an. Zurück in der **(Küche)**, setzt sich Nele auf ihren Stuhl und lässt sich ihren Kakao und das frisch getoastete **(Brot)** schmecken. Plötzlich springt sie von ihrem **(Stuhl)** auf und rennt noch einmal zurück in ihr Zimmer.

„Was hast du nun schon wieder vergessen?“, will ihr Vater wissen und blickt auf die Uhr. „Wir müssen uns beeilen, sonst kommen wir zu **(spät)**“, mahnt ihr Papa an.

„Ich musste nur noch mein Lieblingsarmband holen, das ich im Bad auf dem Waschtisch **(vergessen)** habe. Schnell streift sie sich das Armband mit den bunten Holzperlen über die **(Hand)**.

Ihr Vater steht schon abmarschbereit an der Eingangstür und wartet ungeduldig auf Nele.

Als beide das Haus verlassen haben und zum Auto gehen, ruft Neles Mutter ihnen nach: „Nele, du hast deine Kindergarten**(tasche)** vergessen!"

„Wie kann man nur ständig seine Sachen vergessen", schüttelt ihr Vater den **(Kopf)**.

Als sie im Kindergarten angekommen sind, bringt Neles Vater sie in ihre Kindergarten**(gruppe)** und verabschiedet sich von seiner **(Tochter)**.

„Tschüss, mein Schatz, bis heute Abend!" Dann geht er zur Eingangstür. Erschrocken bleibt er kurz stehen. „Jetzt habe ich doch tatsächlich meine Aktentasche zu Hause stehen lassen!"

„Wie kann man nur ständig seine Sachen vergessen!", schüttelt Nele grinsend ihren **(Kopf)**.

Ihr Vater dreht sich zu ihr um und schaut sie an. Da müssen beide lauthals **(lachen)**.

„So, jetzt muss ich mich aber wirklich beeilen und meine **(Aktentasche)** holen, sonst komme ich noch zu spät zur Arbeit."

Heike Tenta
Mitmach-Geschichten für Vorschulkinder
112 Seiten, kartoniert, s/w-Illustrationen
ISBN 978-3-7698-1913-7

Noch mehr Mitmachspaß

Mit ihren neuen, abwechslungsreichen Spielen bringt Erfolgsautorin Andrea Erkert unsere Kinder wieder einmal so richtig in Bewegung! Die dazu passenden 12 neuen Mitmach-Hits (plus Playbacks) stammen von den bekannten Liedermachern Stephen Janetzko und Heiner Rusche. Musikalisch und spielerisch entdecken Kinder von 3 bis 8 Jahren so die vier Jahreszeiten.

120 Seiten, kartoniert, s/w-Illustrationen, Notensatz
ISBN 978-3-7698-1909-0

21 Geschichten in diesem Buch fordern geradezu auf zum Bewegen und Entspannen, Mitspielen und Mitlachen, Musikmachen und Mittanzen. Die 5-Minuten-Geschichten fördern aktives Zuhören, Sprache und Ausdruck und eignen sich bestens zum Einstieg im Morgenkreis, als besondere Geburtstags-Vorlesegeschichte oder als 5-Minuten-Miniaufführung. Jeweils mit kurzen Angaben zu Inhalt und Requisiten.

88 Seiten, kartoniert, s/w-Illustrationen, Notensatz
ISBN 978-3-7698-1794-2

www.donbosco-medien.de

LEBENDIG. KREATIV. PRAXISNAH.

Kreatives bei Don Bosco

Mit wenig Material in kurzer Zeit richtig schöne Geschenke und ausstellenswerte Kunstwerke schaffen – das gelingt mit diesem Kreativbuch. Gabi Scherzer präsentiert zahlreiche Ideen und zeigt Schritt für Schritt deren Umsetzung.

136 Seiten, farbige Illustrationen, Spiralbindung
ISBN 978-3-7698-1886-4

Für das Handtheater reichen ein paar wenige Pinselstriche und schon verwandeln sich Kinderhände in tanzende Tiergestalten, die Geschichten erzählen. Dazu gibt es kurze Verse und gereimte Mitmachgeschichten. Dieses Buch für Kita und Grundschule bietet zahlreiche Foto-Anleitungen, abwechslungsreiche Spieltipps und Ideen zur musikalischen Untermalung.

96 Seiten, kartoniert, Farbfotos
ISBN 978-3-7698-1861-1

Mit diesem Buch werden Kinder an Bilder großer Maler herangeführt. Genaue methodische Hinweise, beispielhaft ausgearbeitete Bildbetrachtungen zu den Kunstwerken und zahlreiche Ideen zur Weiterführung mit Spielen, Liedern und Bastelideen machen die Umsetzung in jedem Kindergarten möglich. Inklusive CD-ROM.

148 Seiten, gebunden, Farbfotos
ISBN 978-3-7698-1587-0

www.donbosco-medien.de

DON BOSCO

LEBENDIG. KREATIV. PRAXISNAH.